NOTICE

SUR LE

PÈLERINAGE

DE

NOTRE-DAME D'AFRIQUE

A ALGER

publiée par les soins du Cardinal LAVIGERIE

2ᵉ ÉDITION

revue, augmentée et ornée de 12 illustrations

avec une préface

de Monseigneur LEYNAUD, Archevêque d'Alger

1924

—

Papeterie — Imprimerie

E. GAUDET

11, Rue Bab-Azoun, 11

ALGER

NOTICE

SUR LE

PÈLERINAGE

DE

NOTRE-DAME D'AFRIQUE

A ALGER

2ᵉ ÉDITION

revue, corrigée et augmentée

avec une préface

de Monseigneur LEYNAUD, Archevêque d'Alger

1924

Papeterie — Imprimerie
E. GAUDET
11, Rue Bab-Azoun, 11
ALGER

A notre amie en
souvenir d'une
promenade et
Greffe délicieuse
— N. D. du ravin
en février 1927

Façade et plan de Notre-Dame d'Afrique
(D'après l'architecte E. Fromageau).

Intérieur de Notre-Dame d'Afrique

PRÉFACE

La Notice qui avait été publiée, en 1885, sur le Pèlerinage de Notre-Dame d'Afrique, par les soins du Cardinal Lavigerie, et dont la première édition s'est rapidement écoulée, est souvent demandée, et de plus en plus, par les pèlerins. C'est pourquoi Nous avons préparé, aussitôt que cela a été possible, après la Grande Guerre, la seconde édition que Nous sommes heureux de présenter aujourd'hui au public.

Comme on le verra, elle diffère très peu de la première ; Nous nous sommes contenté, en effet, d'y supprimer quelques passages qui n'avaient pas trait directement à la dévotion envers la Très Sainte Vierge Marie et d'y ajouter quelques lignes qui nous ont paru utiles et édifiantes.

La Notice sur le Pèlerinage de Notre-Dame d'Afrique, éditée à Alger, en 1885, sans nom d'auteur, a été écrite, comme le dit le Cardinal Lavigerie, « sous ses yeux », par un Père Blanc, attaché alors au Pèlerinage, le R. Père Michel. Mais le mot *écrite* ne signifie pas que ce savant missionnaire en soit l'unique auteur : il s'en faut bien !

Le Cardinal en a conçu lui-même le plan, indiqué les matériaux, dicté des passages, revu les épreuves, non sans y apporter des modifications et y ajouter certains détails importants. Cette Notice est donc l'œuvre du Cardinal, bien plus que celle du Père Michel, qui nous écrit, avec une modestie charmante, « qu'il a été plus souvent copiste de documents antérieurs qu'auteur proprement dit ».

C'est aussi le Cardinal Lavigerie qui recommanda la lecture de cette Notice, par la lettre suivante adressée aux prêtres du diocèse d'Alger :

Alger, le 12 avril 1885·

Messieurs et Chers Coopérateurs,

On Nous a souvent manifesté le désir de voir publier, sur le Pèlerinage de Notre-Dame d'Afrique, une Notice suffisamment étendue pour donner une idée exacte de son histoire, des œuvres spirituelles dont elle est le centre et des faveurs extraordinaires qui ont été obtenues par les fidèles. Nous avons accueilli favorablement ces prières, et la Notice qui Nous était demandée vient d'être écrite, sous nos yeux, par l'un des Pères qui desservent le pèlerinage.

Pour vous donner un aperçu de ce travail et de l'intérêt qu'il présente, Nous en faisons reproduire la table des matières, à la suite de la présente Circulaire.

A l'approche du mois de mai, Nous recommandons la lecture de cette Notice, soit dans les paroisses, soit dans les Communautés religieuses, soit dans les familles chrétiennes. On ne peut trouver, en effet, de mois de Marie plus approprié à nos Diocèses et qui soit de nature à inspirer une plus grande confiance dans la protection maternelle de la Très Sainte Vierge, sur l'Afrique, dont Elle est la Reine. Nous engageons donc MM· les Curés, MM. les Aumôniers ainsi que les Supérieurs et Supérieures des diverses Communautés religieuses, à se pro-

curer ce petit ouvrage, que Nous avons approuvé et approuvons par les présentes..

Croyez, Messieurs et Chers Coopérateurs, à tous Nos sentiments les plus affectueusement dévoués en Notre-Seigneur.

+ Charles Cardinal LAVIGERIE,
Archevêque d'Alger.

Depuis la publication de cette Notice et depuis la mort du Cardinal, Notre illustre prédécesseur et notre Père bien-aimé (26 Novembre 1892), la dévotion envers Notre-Dame d'Afrique n'a point diminué dans le cœur des Algériens ; elle s'y est même grandement développée, avec les malheurs des temps et surtout pendant la guerre de 1914-1918. Il fallait voir alors ces hommes, ces femmes, ces jeunes filles, ces enfants, gravissant, tous les jours, la sainte colline, le chapelet à la main, quelquefois pieds-nus, et déposant devant la Vierge Noire, avec leurs prières, leur cierge, leur bouquet, ou l'un de ces innombrables ex-voto qui tapissent maintenant les parois de la nef et même tout le chœur.

La Basilique se remplissait, plus particulièrement, le samedi, à la messe que célébrait si pieusement Mgr Piquemal, notre ami et auxiliaire, pour la France et pour les alliés, et qu'il ne finissait jamais sans encourager les âmes à une plus grande confiance en la maternelle bonté et puissance de Marie.

Les infidèles, eux-mêmes, connaissaient bien et connaissent toujours le chemin de la Basilique, et ils sont heureux, hommes, femmes et enfants, de venir souvent s'asseoir devant l'autel de Notre-Dame d'A frique et y prier, à leur manière, les yeux fixés sur la statue miraculeuse.

Ce mouvement de piété ne s'est pas arrêté ; il paraît s'accentuer encore, depuis que Nous avons eu le bonheur d'instituer, dans la Basilique, l'Adoration quotidienne du Très Saint Sacrement et d'y rétablir l'Association de prières pour la conversion des musulmans et des autres infidèles.

Le dimanche soir, l'absoute sur la mer attire aussi un plus grand nombre de fidèles, qui viennent prier pour tous ceux qui ont péri dans les flots — *qui in hoc mari perierunt* — surtout pendant la dernière guerre, marins, soldats, pêcheurs, passagers victimes des sous-marins et des mines flottantes : spectacle incomparable, par son immensité et l'émotion poignante qui s'en dégage, et que l'on n'oublie plus jamais, quand, une fois, on en a été le témoin attendri.

La présente Notice rappellera aux habitués du Pèlerinage de Notre-Dame d'Afrique ces saintes émotions et les pieuses démonstrations de piété qui se déroulent sur la sainte colline, à toutes les fêtes et le grand jour de la Fête du Très Saint Sacrement; elle apprendra, à ceux qui l'ignorent encore, avec quelle ferveur les chrétiens de l'Algérie et de l'Afrique du Nord tout entière — car on y vient des points les plus éloignés, Tunisie, Maroc — arrêtent leurs regards et fixent leur cœur sur la splendide Basilique du haut de laquelle l'Immaculée Vierge Marie, véritable Etoile de la Mer, projette la lumière et les secours divins sur tous ceux qui l'invoquent dans les nécessités, les dangers, les afflictions et les larmes de cette vie.

A l'exemple de Notre Père bien aimé, le Cardinal Lavigerie, Nous recommandons donc aux prêtres et aux fidèles la lecture de ce petit livre que Nous sommes heureux de rééditer, pour l'honneur et la gloire de la Mère de Dieu, et afin qu'Elle soit toujours plus connue, plus priée et plus aimée sous le titre de Notre-Dame d'Afrique.

Notre-Dame d'Afrique, 4 mai 1923, cinquantenaire de la translation de la statue miraculeuse, de la petite chapelle provisoire à la basilique définitive.

+ AUGUSTIN-FERNAND,
Archevêque d'Alger.

NOTICE

SUR LE

PÈLERINAGE

DE

NOTRE-DAME D'AFRIQUE

A ALGER

AVANT-PROPOS

La plupart des étrangers, qui visitent l'église du pèlerinage de Notre-Dame d'Afrique, désirent avoir des notions précises sur l'origine et l'histoire de ce pèlerinage.

Les habitants d'Alger eux-mêmes les ignorent le plus souvent et les demandes, comme les étrangers : cela ne peut étonner, dans un pays neuf, où la population se succède avec rapidité et où les traditions ont, en conséquence, plus de peine à s'établir.

C'est donc pour répondre au désir souvent exprimé de voir consigner, dans un petit écrit, tout ce qui se rapporte à l'histoire de notre Pèlerinage Africain, que cette Notice est composée.

Pour plus de clarté, nous l'avons divisée en quatre parties distinctes :

1.° Ce qui a précédé et préparé le pèlerinage de Notre-Dame d'Afrique ;

2° La fondation de ce pèlerinage et la construction de la Basilique qui en est aujourd'hui le Sanctuaire ;

3° Les principales œuvres de piété qui se rattachent au pèlerinage de Notre-Dame d'Afrique ;

4° Les grâces extraordinaires obtenues à ce pèlerinage.

Nous n'avons pas besoin de dire que nous soumettons d'avance, d'esprit et de cœur, tout ce que renferme cette Notice, au jugement de l'autorité ecclésiastique. Nous déclarons, en particulier, ne vouloir jamais employer les noms de saints, de miracles, de révélations et autres semblables, que dans le sens où les constitutions et les règles du Saint-Siège Apostolique permettent de les employer. Nous savons qu'il n'y a d'indubitable, en ces matières, que ce qui a été officiellement défini et proclamé par l'autorité infaillible de l'Eglise ; mais nous devons affirmer, cependant, que tous les faits rapportés dans ce livre ont été sévèrement contrôlés et qu'ils reposent, tous, sur des témoignages absolument dignes de foi.

Nous mettons humblement sous la protection maternelle de Marie, notre Mère et la protectrice de l'Eglise d'Afrique renaissante, ces humbles pages, écrites dans l'unique but d'augmenter et de justifier la confiance des fidèles qui l'invoquent, sous le nom, désormais populaire, de Notre-Dame d'Afrique.

Nous la prions d'agréer cet hommage de notre piété filiale et de nous accorder, en retour, les bénédictions qu'elle sait nous être nécessaires.

———

La présente Notice a aussi pour but de procurer à la Basilique de Notre-Dame d'Afrique les ressources qui sont nécessaires à son achèvement.

La Basilique est, en effet, encore bien loin d'être terminée. Toute sa façade est inachevée, les portes manquent ; il lui faut une tribune et des orgues. L'intérieur de l'église doit être, selon le style byzantin, dans lequel elle est bâtie, entièrement couvert de mosaïques et de peintures.

Tout cela demande encore des sommes considérables.

Nous espérons que les pieux serviteurs de Marie sauront les trouver pour leur Sainte Patronne.

———

PREMIÈRE PARTIE

De ce qui a précédé et préparé le Pèlerinage de Notre-Dame d'Afrique

---

CHAPITRE PREMIER

DE LA DÉVOTION QUE L'AFRIQUE CHRÉTIENNE DES PREMIERS SIÈCLES A EUE ENVERS LA TRÈS SAINTE VIERGE MARIE.

Sommaire

Culte de l'Afrique chrétienne primitive envers Marie. — Témoignages de ses plus grands docteurs. — Tertullien. — Saint Cyprien. — Saint Augustin. — Saint Fulgence. — Monuments du culte de Marie à cette époque reculée. — Statue antique de la Sainte Vierge récemment trouvée à Carthage. — Témoignages des historiens. — Procope. — Trois sanctuaires élevés à Marie en Afrique, sous le règne de Justinien.

Un pèlerinage à la Très Sainte Vierge a toujours été l'expression de la foi des populations au milieu desquelles il s'est établi. Si ce pèlerinage s'est créé, à l'occasion de quelque miracle, comme tant de pèlerinages anciens de tous les pays catholiques, c'est la foi et la confiance envers Marie qui a obtenu ce miracle. S'il n'y a

point eu de miracle à l'origine, c'est encore la
foi en la puissance et en la bonté de la Mère de
Dieu, qui a groupé les peuples autour de ses
antiques images, et c'est aussi cette foi et cette
confiance qui ont obtenu, plus tard, dans ces
sanctuaires vénérables, tant de merveilles de
grâce ou de puissance.

Il est donc intéressant de se rendre compte
du sentiment que les chrétiens d'Afrique ont
toujours eu des grandeurs, des privilèges, de la
bonté maternelle de Marie ; de voir comment,
malgré les catastrophes qui ont frappé cette
grande Église, et qui l'ont, pendant des siècles,
ensevelie sous ses ruines, ce sentiment ne s'est
jamais éteint, et comment aussi Marie n'a jamais
cessé d'y répondre, par ses faveurs maternelles.

Pour connaître les sentiments de l'Eglise primitive d'Afrique envers Marie, il faut ouvrir les
ouvrages de ses plus grands docteurs : Tertullien, Saint Cyprien, Saint Augustin, Saint
Fulgence.

Tertullien est le plus ancien des écrivains de
l'Église latine qui ait parlé de la Très Sainte
Vierge Marie. Il a précédé, en effet, dans l'ordre
des temps, tous les autres pères et docteurs de
cette Église, étant né au milieu du deuxième
siècle de notre ère, c'est-à-dire cent ans à
peine après la mort de la Très Sainte Vierge. Il

était prêtre de l'Eglise de Carthage, laquelle était le centre de toutes les autres chrétientés de l'Afrique, et par conséquent, celle qui représente le mieux le sentiment de ces chrétientés.

Ce grand écrivain relève avec magnificence les privilèges de Marie. Il compare, dans son *Traité de la chair du Christ*, l'Eve nouvelle à la première Eve qui a perdu le monde par sa désobéissance, comme Marie a mérité de lui donner son Sauveur, par son obéissance et sa pureté.

« Avant toutes choses, dit-il, il fallait dire à l'avance la raison pour laquelle le Fils de Dieu naîtrait d'une Vierge ; car il devait naître d'une manière nouvelle, Celui qui venait nous porter une nouvelle naissance, et dont Isaïe annonçait que Dieu donnerait un signe. Quel est ce signe ? « Voici qu'une Vierge concevra dans son sein et enfantera un fils. » Une Vierge a donc conçu et enfanté Emmanuel, c'est-à-dire, Dieu avec nous. Voilà la naissance nouvelle, qu'un homme naisse en Dieu, et que Dieu naisse dans un homme, dans la chair humaine, sans le secours de l'homme... Dieu voulut, par une opération rivale, recouvrer son image et sa ressemblance devenue esclave du démon. Eve, encore vierge, s'était laissée envahir par la parole de mort; une Vierge devait recevoir, au-dedans d'elle-même, le Verbe de Dieu, qui est la parole de Vie, afin que ce qui avait causé, par ce sexe, la perte du genre humain, devînt, par ce même sexe, la cause de son salut. Ève avait cru au serpent ; Marie crut à Gabriel. Le péché que commit la crédulité de la première, la foi de la seconde l'a effacé. Mais Ève ne conçut pas, alors, dans ses entrailles, de la parole du démon. Ce fut plus tard qu'elle conçut ; car, chassée du paradis, et enfantant dans la douleur, elle mit au monde un fratricide. Marie, au contraire, a enfanté Celui qui devait sauver Israël, son frère, selon la chair, et, en même temps, son meurtrier... Ainsi, comme avant d'être né de la Vierge, le Verbe a pu, sans mère, avoir Dieu pour père ; de même, quand il est né de la Vierge, il a pu avoir une mère, sans un homme qui fût son père (1). Vous voyez ce qu'il y a de nouveauté dans cette naissance vir-ginale. Afin que la Vierge fût notre *régénération*, elle a été spirituellement sanctifiée et exempte de toute souillure, même charnelle, par Jésus-Christ, et il en a été de même de Jésus-Christ, comme étant né de la chair d'une Vierge (2). »

Saint Cyprien, le grand martyr et l'admirable évêque de la même Eglise de Carthage, ne s'exprimait pas en termes moins forts :

---

(1) Tertullien. *De carne Christi*. C. xviii.
(2) Tertullien. *De carne Christi*. C. xx.

« Elle avait ce privilège singulier qu'avant et après Elle, aucune femme n'a mérité d'être, en même temps, et à tous les titres, Vierge et Mère. A la Mère était due la plénitude de la grâce ; à la Vierge, la surabondance de la gloire. Aussi pure par l'esprit que par la chair, elle jouissait, au dedans et au dehors de la présence spirituelle de son Fils, descendu, à la parole de Gabriel, dans la vénérable poitrine de cette Mère. L'Esprit Saint ne s'en était pas retiré ; il possédait sa maison ; il ornait le temple qu'il s'était lui-même consacré ; il gardait son sanctuaire, et il couvrait d'honneur cette couche nuptiale de la sainteté. La consolation réjouissait une âme bénie de la sorte, et le respect dû à un hôte si auguste écartait les pièges de la concupiscence. La loi de la chair ne s'élevait pas contre la loi de l'esprit ; aucune révolte ne troublait le repos de l'intelligence. Le petit Enfant, suspendu à son sein, puisait une chaste nourriture ; et, comme une fontaine sacrée, le sein de Marie versait à ses lèvres si pures le plus pur aliment ; mais, en même temps, le cœur de Marie s'enivrait de délices qui surpassent toutes les idées humaines. C'était, des deux côtés, un charme souverain, quand la pieuse et douce humilité d'une sainte Mère et l'immense bonté du Saint des Saints se confondaient dans l'abîme d'un mutuel amour (1). »

Saint Augustin en parle, à son tour, presque à chacune des pages de ses ouvrages, et il lui donne successivement les titres les plus grands et les plus vénérables :

« Fontaine scellée, palmier qui a donné pour fruit la vigne véritable, Porte fermée à jamais par une perpétuelle virginité, Porte d'Ezéchiel, par laquelle seul le Seigneur entre et sort, Porte très sainte, Porte du ciel, Reine des anges dont elle a enfanté le Roi, Véritable Sion, dans laquelle Dieu s'est incarné, Temple de Dieu, Lit du céleste époux, Vierge de la vertu divine, Verge d'Aaron, se couvrant de feuilles et de fruits, Verge de la souche de Jessé, de laquelle le Messie est sorti comme une fleur, Etoile répandant la lumière, Vierge rendue féconde par l'Esprit Saint, Vierge bienheureuse et vénérable, Vierge choisie dans l'univers entier, Vierge que le Seigneur a préparée pour lui-même, et par qui le salut a été donné au monde, Vierge perpétuelle, Vierge très sainte, Vierge si belle que Dieu l'a choisie pour son épouse, la Vierge, enfin : elle est la plus haute dignité de la terre (1). »

----

(1) S. Cyprien, *Ad Cornelium Papam.*
(1) S. Augustin, *passim.*

Il déclare que jamais le péché n'a eu d'empire sur Elle :

« Exceptons la Sainte Vierge, de laquelle, à cause de l'honneur de Dieu, je ne veux pas qu'il soit jamais question, quand il s'agit de péché. Car nous savons combien a reçu plus de grâce que les autres, pour vaincre, de toutes parts, le péché, Celle qui a mérité de concevoir et d'enfanter Celui qui fut certainement sans péché (2). »

Il la célèbre par les accents de la plus touchante piété :

« Voici la fête désirée de la bienheureuse, vénérable et toujours Vierge Marie. Elle est la fleur des champs d'où est sorti le lis précieux des vallées, par l'enfantement de laquelle la nature est changée et la faute de nos premiers parents effacée... Réjouissez-vous, bienheureuse Vierge ! le Christ, notre Roi, est descendu du Ciel dans vos entrailles, et du sein de son Père, dans le sein de sa Mère. Soyez bénie entre toutes les femmes, vous qui avez enfanté la Vie pour les hommes et pour les femmes. La mère du genre humain introduisit le châtiment dans le

____

(2) S. Augustin, *De Natura et Gratia*, c. XXXVI.

monde ; la Mère de Notre-Seigneur est venue apporter le salut dans le monde. Eve est l'auteur du péché ; Marie est l'auteur du mérite... Vous demandez à l'Ange, ô Marie, comment se fera ce qu'il annonce ? O bienheureuse Marie, le monde captif est à vos pieds, qui vous conjure de lui donner votre assentiment ; car c'est sur vous que repose toute son espérance. Ne tardez pas, ô Vierge ! Répondez promptement à l'envoyé du Ciel, et recevez un fils ; ayez confiance, et sentez à l'instant la vertu du Très-Haut (1). »

Il exhorte à la piété envers Elle et à l'imitation de ses vertus :

« Et nous, frères bien-aimés, confions-nous de toute l'ardeur de notre âme à l'intercession de la très heureuse Vierge, et implorons, de tout notre cœur, sa protection, afin qu'attentive aux supplications que nous lui adressons de la terre, elle daigne nous recommander, par sa prière, dans les cieux. Il n'est pas douteux que Celle qui a mérité de fournir le prix de notre délivrance n'ait, en faveur de ceux qu'elle a délivrés, une prière plus puissante que celle de tous les autres saints. Mais, que nous servira de l'invoquer, si nous ne suivons les exemples d'humi-

---

(1) S. Augustin, Serm. 194.

lité qu'elle nous a donnés ? Présentons-nous à sa fête, vêtus du manteau de son humilité et de sa charité ; car, plus elle nous verra ornés de vertus, plus elle s'empressera de conjurer son fils et son Seigneur de venir à notre aide (1). »

Après Saint Augustin, Saint Fulgence n'est pas moins explicite. Il était évêque de Ruspe, dans la Byzacène, au temps de la persécution des Vandales hérétiques, et Ariens. Il fut l'Athanase de l'Afrique Romaine contre cette hérésie, et, par conséquent, il a eu l'honneur de défendre, contre les persécutions les plus sanglantes, et malgré les mauvais traitements, les outrages, l'exil, la maternité divine de Marie, en défendant la divinité de son Fils. Aussi ne s'étonne-t-on pas de voir comment il parle de cette auguste Vierge :

« Les trois maux apportés par Eve, dit-il, sont détruits et remplacés par trois biens fournis au genre humain par Marie. En effet, voici ce qui a été dit à notre première mère : « Vous enfanterez dans la douleur et la tristesse ; vous serez sous la puissance de votre mari, et il vous dominera. » Que les femmes qui ne veulent pas suivre

---

(1) S· Augustin, Serm. 203. *In festum Assumpt. Mariae.*

Marie se soumettent donc à ces trois maux : à la douleur, à la tristesse et à la dépendance. Marie, au contraire, en prêtant l'oreille à la parole de l'Ange, reçut trois biens merveilleux : la salutation angélique, la bénédiction divine et la plénitude de la grâce. Car elle est ainsi abordée par l'envoyé divin : « Je vous salue, pleine de grâce ; vous êtes bénie entre toutes les femmes. » Quand il dit : *Ave*, je vous salue, il lui donne la céleste salutation ; en disant : pleine de grâce, il lui apprend que la colère de Dieu qui avait formulé la sentence primitive, est apaisée, et que l'innocence ancienne est recouvrée ; en disant : vous êtes bénie entre toutes les femmes, il exprime le fruit béni de la virginité de Marie ; et il insinue que celle qui demeurera vierge, sera aussi en bénédiction, parmi ses compagnes. Eve avait été maudite ; mais, par Marie, elle a pu arriver à la gloire.

« Venez donc, ô jeunes vierges ! Venez à la première des vierges, et réjouissez-vous avec elle ; laissez la malédiction de l'antique péché, et prenez la bénédiction de la vertu reconquise. Chassez les douleurs qu'Eve avait reçues du serpent, et recueillez les honneurs que Marie a obtenus de l'ange. Epouses, éloignez maintenant la tristesse, cessez de gémir en devenant mères ; et que le Fils de la Vierge règne seul sur vos âmes, et soit votre Seigneur. Vierges, venez à la Vierge ; épouses, venez à l'Epouse ; vous qui enfantez, venez à celle qui enfante ; mères, venez à la véritable Mère ; vous qui allaitez, venez à Celle qui nourrit son nouveau-né ; jeunes filles, venez à la Vierge Marie. La Vierge, fille de Sainte Anne, a dû, pour avoir son fils, passer par toutes ces différentes phases de la nature, afin d'être en état de secourir toutes les femmes qui recourraient à elle, et de devenir ainsi la régénératrice du sexe féminin, comme son fils, Notre Seigneur Jésus-Christ, est le régénérateur du sexe masculin : elle, nouvelle Eve, en demeurant vierge ; lui, nouvel Adam et Dieu, régnant avec le Père et le Saint-Esprit, dans tous les siècles des siècles (1). »

Avec de semblables enseignements, donnés par de tels pasteurs, il est aisé de se représenter ce que devait être la pratique des fidèles.

Il est vrai que, par suite de la destruction de tous les monuments qui se rapportaient au culte chrétien dans notre Afrique primitive, il a été difficile de retrouver des traces matérielles du culte de Marie, dans ces premiers temps. Mais on peut assurer que l'avenir nous réserve, à cet

---

(1) Fulgence, *Sermo de Nativitate Domini.*

égard, des surprises heureuses, à mesure que le sol, qui recouvre toutes ces ruines, pourra être mieux exploré.

Une découverte récente, qui a ému les archéologues chrétiens, confirme ces espérances. En creusant le vieux sol de Carthage, et Carthage était, comme nous l'avons dit, l'Eglise modèle et maîtresse de toute l'Afrique, après celle de Rome, le R. P. Delattre, Missionnaire d'Alger, chargé par S. E. le Cardinal Lavigerie de la recherche de nos anciens monuments chrétiens, a retrouvé une Basilique. C'était la plus grande de toutes celles de Carthage. Or, du milieu des ruines de cette antique basilique, profondément ensevelie sous le sol, le R. P. Delattre vient de retirer une statue antique de la Très Sainte Vierge, sans la tête, brisée sans doute par les Vandales ou par les Arabes.

La statue est en marbre blanc : Marie est représentée assise, tenant sur ses genoux l'Enfant Jésus, qu'Elle semble présenter à l'adoration des fidèles. A côté d'Elle sont deux vieillards, dans le vêtement et l'attitude des prophètes, montrant de leur doigt, élevé vers le ciel, une étoile au firmament.

D'après M. de Rossi, le savant conservateur des catacombes de Rome, où il a retrouvé le même sujet représenté par la peinture, dès le temps des persécutions, un des prophètes est Isaïe, répétant la parole par laquelle il annonçait à la terre une lumière nouvelle, celle de l'étoile de Jacob (1).

Il est donc certain, par le témoignage des monuments eux-mêmes, que, dès les temps les plus reculés, les chrétiens d'Afrique rendaient un culte filial à Marie.

Sur ce point, les historiens sont d'accord avec les restes de nos vieux édifices. Procope, le plus savant de ceux qui ont écrit sur les choses africaines, qu'il connaissait, pour les avoir vues longtemps de ses yeux, sous le règne de Justinien, nous en a laissé un témoignage. Il raconte que ce prince, comme pour placer toute l'ancienne Afrique romaine sous la protection de la Très Sainte Vierge, fit élever trois sanctuaires à Marie : un, au centre même de ses possessions, c'est-à-dire à Carthage, un deuxième à l'extrémité orientale, à Leptis-Magna, la Tripoli actuelle, et un troisième, à l'extrémité occidentale et sur les bords même de l'Océan, en face de Gibraltar, à Cepta, la Ceuta moderne.

______

(1) « Populus qui ambulabat in tenebris vidit lucem magnam : habitantibus in regione umbræ mortis lux orta est eis (C. 9. v. 2.) et super te orietur Dominus et gloria ejus in te videbitur. Et ambulabunt gentes in lumine tuo et reges in splendore vultus tui (C. 60. v. 2. 3.) »

Le sanctuaire de Carthage, construit, avec magnificence, dans les dépendances mêmes du palais proconsulaire, était placé sous le vocable de Notre-Dame de la Paix.

Quelques-uns croient que celui de Cepta porta le nom de Notre-Dame d'Afrique ; du moins, la chapelle qui l'a remplacé, dans des temps plus modernes, et qui remonte à la première moitié du quinzième siècle, a-t-elle toujours porté ce nom. Procope en parle comme du rempart que la piété de l'Empereur opposait à tous les ennemis de l'Afrique romaine :

« Afin de rendre imprenable à toutes les nations ce poste avancé et cette porte de l'Empire, il en voulut, dit-il, confier la garde à la Mère de Dieu. C'est par ce motif qu'il lui éleva un temple remarquable (1). »

Mais déjà l'invasion arabe, et, à sa suite, la destruction du culte chrétien, étaient proches, et nous entrons dans une nouvelle période pleine de larmes, mais aussi pleine des marques de la miséricorde de Marie.

---

(1) Spectandum ibidem templum Deiparæ posuit, ac primam ipsi dicans consecransque oram imperii, castellum hoc universo hominum generi inexpugnabile reddidit. Procope. *De Ædificiis Justinian.* L. V. c. v. Baron. ad annum 541.

CHAPITRE SECOND

DU CULTE DE MARIE EN AFRIQUE
AU TEMPS DE L'ESCLAVAGE DES CHRÉTIENS

Sommaire

Les esclaves cherchaient leur consolation dans le culte de Marie. — Statuette de Marie Immaculée, œuvre d'un esclave chrétien, récemment retrouvée à Tébessa. — Médaille byzantine de la Très Sainte Vierge retrouvée en Kabylie. — Esclaves délivrés par l'intercession de Marie. — Saint Vincent de Paul. — Deux esclaves chrétiennes espagnoles. — Délivrance miraculeuse d'une mère et de ses enfants, accomplie à la Vallée des Consuls, c'est-à-dire aux lieux mêmes où se trouve aujourd'hui le pèlerinage.

« Les bagnes d'Afrique, dit Mgr Pavy, regorgeaient de captifs chrétiens. La seule ville d'Alger, avec sa banlieue, en comptait, dans la première partie du XVIIe siècle, près de 25.000 (1). C'étaient des Français, des Espagnols, des Anglais, des Italiens, des Syriens et même des Russes. Parmi les Français rachetés, dont les noms se trouvent sur les listes de la *Rédemption*, on en voit, non seulement de la Provence, du Languedoc, des côtes de l'Océan et de la

____

(1) DAN, *Hist. de Barbarie*, liv. 3, p. 318.

Manche, mais encore de Paris, de Lyon, de Lille, de Rouen, de Limoges, d'Aurillac, de Chartres, de Strasbourg, en un mot, de presque toutes les villes de France. D'illustres personnages s'y trouvent confondus avec la foule obscure des esclaves ; il suffit de rappeler saint Vincent de Paul, Michel Cervantès, Regnard, Arago. En 1649, le Père Dan estimait à un million le nombre des captifs chrétiens réduits en esclavage par les corsaires africains, depuis le commencement de la piraterie. Il faut donc y ajouter les captifs faits pendant 181 ans, pour arriver au chiffre total, en 1830. Ce chiffre doit être immense. Depuis Louis XIV, c'est-à-dire depuis les progrès de notre marine, le nombre des esclaves alla cependant en diminuant. Dans le bagne du dey, le nombre des esclaves était, en 1767, de 2.622 ; c'est le chiffre le plus élevé ; en 1740, il n'était que de 442. De 1807 à 1817, le maximum fut de 1.665. C'est une moyenne de plus de mille esclaves. Or, le dey n'avait qu'un huitième et souvent qu'un dixième des prises. Ce serait donc au moins huit à dix mille esclaves que la ville d'Alger et sa banlieue comptaient encore, avant 1830 (1). »

---

(1) *Relation d'un séjour à Alger*, traduit de l'anglais. Paris 1820.

On conçoit aisément quelle était la situation des malheureux chrétiens réunis ainsi, en multitudes presque innombrables, dans les bagnes de toutes nos villes africaines, à Tunis, à Bizerte, à Bône, à Bougie, à Alger, à Oran, à Tanger, vendus ensuite publiquement dans les ports, pour être transportés dans l'intérieur, à Tlemcen, à Bel-Abbès, à Guelma, à Tébessa ; placés sans cesse entre l'apostasie et la mort, accablés de mauvais traitements et de mépris, enfermés dans de noires prisons, livrés au désespoir d'avoir perdu, avec leurs biens et leur liberté, tout ce qui leur était cher dans ce monde, leur famille, leurs enfants, leur patrie ; on ne pourrait imaginer une condition plus misérable. (1)

Aussi, et même lorsqu'on ne le saurait point par ailleurs, peut-on être assuré que leur cœur reprenait naturellement les sentiments religieux qui avaient été ceux des années écoulées dans des pays alors si catholiques. Si l'homme oublie Dieu, lorsqu'il est dans le bonheur, il le recherche, comme son unique soutien, dans un malheur où tout l'abandonne. Ils le priaient donc ardemment de mettre un terme à leur captivité et à leurs souffrances, de leur donner du cou-

____

(1) Dan, *Hist. de Barbarie.*

rage contre tant de maux ; mais surtout ils priaient Marie.

Marie est la consolatrice des affligés. C'est sous ce titre que l'Eglise l'invoque et que l'invoquaient aussi ces pauvres captifs ; car nous savons, par les récits des Religieux qui se consacraient à leur rachat ou, pour dire mieux, à leur rédemption, puisqu'ils travaillaient au salut de leur âme et à celui de leur corps, que chaque soir, dans les bagnes, on chantait les Litanies de la Sainte Vierge où se trouve cette douce invocation de Consolatrice des affligés. « Les samedis, au soleil levant, dit encore le Père Dan (1), nous disons la messe de la Sainte Vierge ; puis, quand le soir est venu et que notre prison est fermée, nous chantons le Salut et les Litanies de la Mère de Dieu... Le premier dimanche du mois, nous solennisons la tête du Saint-Rosaire, avec une messe haute, un sermon et une procession... Presque tous les chrétiens qui sont ici ont apris à dire l'office de Notre-Dame, qu'ils ont commencé à réciter fort dévotement. je les exhorte en tous mes sermons à continuer. »

On peut donc dire, sans exagérer, que la dévotion à Marie fut la dévotion propre des pau-

---

(1) DAN, *Hist. de Barbarie*, 1, 3, c. 9, p. 114 et suiv.

vres esclaves chrétiens de l'Afrique, durant les longs siècles où seuls ils représentèrent l'Eglise, sur les plages de la Barbarie.

Les exemples seraient ici sans nombre. On peut les lire dans tous les écrivains qui nous ont laissé l'histoire de ces durs esclavages.

Mais, en dehors de ces relations, on trouve encore parfois, dans le pays même, des témoignages non moins touchants de la confiance en Marie de ces pauvres esclaves. En voici un que nous avons entendu citer par Mgr Lavigerie, Archevêque d'Alger, et dont nous avons vu chez lui la preuve.

Sur la table de travail de Son Eminence se trouve donc une petite image de la Sainte Vierge, taillée dans un morceau de tuf ou de pierre molle, haute d'environ vingt à vingt-cinq centimètres. Marie y est figurée dans une sorte de grotte ou de niche, telle qu'on en voit dans nos églises. Elle porte la couronne sur la tête, et a les mains étendues, comme on la représente dans la médaille miraculeuse. La statue est peinte grossièrement : le manteau est bleu, la couronne placée sur la tête est jaune, pour imiter l'or. Tout l'ensemble de ce travail est tellement grossier, qu'on s'étonne de le voir sur la table d'un Prince de l'Eglise. Mais l'étonnement cesse, quand on l'entend lui-même raconter l'histoire de sa statuette (1) :

« Je faisais ma tournée dans le diocèse de Constantine, dont j'étais Administrateur pendant la vacance du siège, nous dit, un jour, Mgr l'Archevêque d'Alger, lorsque, dans une paroisse que je visitais, un colon, qui avait été entrepreneur de travaux de maçonnerie, demanda à me voir, voulant, dit-il, me donner un objet précieux.

« Je le reçus aussitôt. Il déploya alors un linge blanc qu'il tenait dans ses mains, et me fit voir cette petite statue, qu'il y avait enveloppée. « Voilà, me dit-il, une image que j'ai trouvée à Tébessa, en creusant les fondations de la maison d'un habitant. Elle était enfouie assez profondément, sous les ruines d'une construction précédente. Pour moi, ajoutait ce brave homme, c'est sans doute quelque statue de la Sainte Vierge du temps des premiers chrétiens de l'Afrique, peut-être du temps de Saint Augustin ou de Saint Cyprien ; car on a trouvé à Tébessa beaucoup d'autres objets qui ont appartenu à d'anciennes églises, du temps des Romains. »

---

(1) Cette statuette est aujourd'hui à Carthage, dans la collection mariale du musée Lavigerie. — Voir le *Culte de la Sainte Vierge en Afrique*, par le R. P. Delattre, p. 163-169.

« En cela, il disait vrai, car Tébessa est l'une
des localités de l'Afrique où l'on a trouvé, en
plus grand nombre, d'anciens monuments chrétiens, et les plus intéressants parmi eux. Mais il
se trompait certainement sur l'antiquité qu'il
attribuait à son image. Je l'examinai attentive-
ment, comme confirmation du récit qui m'était
fait. Je la trouvai imprégnée tout entière de
terre et de débris de mortier et de chaux qui
prouvaient son long séjour dans les ruines où on
l'avait trouvée. Mais, ni le caractère, ni le genre
de travail, ni surtout le style de cette sculpture
grossière, ne permettaient de la faire remonter à
une telle antiquité. Elle semblait une œuvre du
seizième ou du dix-septième siècle, et elle avait
toutes les apparences de l'art espagnol. C'était
évidemment, ajoutait le Cardinal, l'œuvre de
quelque esclave chrétien de cette époque, Espagnol d'origine. Il avait, sans doute, été acheté,
selon l'usage, dans un port du littoral et, de là,
transporté par son maître dans l'intérieur, à Tébessa, où il aura vécu et sera mort en captivité,
parce que les Religieux Rédempteurs ne pouvaient pénétrer, à cette distance, dans l'intérieur
du pays. Ce pauvre esclave, pour se consoler de
ses douleurs et rappeler les souvenirs de son
culte et de sa patrie absente, aura fabriqué lui-
même cette image, devant laquelle il aura long-

temps prié et versé des larmes, devant laquelle,
peut-être, il sera mort.

« Voilà pourquoi, ajoutait le Cardinal, j'ai accepté avec reconnaissance cette vieille image, et
pourquoi je la garde toujours précieusement
sous mes yeux. C'est peut-être l'œuvre d'un martyr, et sûrement celle d'un confesseur qui avait
conservé sa foi au milieu des mauvais traitements et des séductions que l'on n'épargnait pas
alors aux esclaves chrétiens. »

Dans le même cabinet de Son Eminence, on
voit un autre souvenir des mêmes époques de
l'esclavage, et qui se rapporte aussi au culte de
Marie. Celui-là a été trouvé dans la Kabylie, où
il a certainement été porté de loin par quelque
esclave, à moins que l'on ne veuille dire que ce
sont des Kabyles, encore chrétiens, qui l'ont
alors acheté dans quelque voyage en Orient.

L'objet dont je parle est une médaille de la
Très-Sainte Vierge, presque de la grandeur d'un
ancien écu français, et de formes évidemment
byzantines. La Très Sainte Vierge y est représentée sur une espèce de trône, tenant l'Enfant
Jésus dans ses bras ; à droite et à gauche de
l'image, se trouvent la première et la dernière
lettre des deux mots grecs qui signifient Mère de
Dieu $\mu\rho \sim \theta\upsilon$ et, au-dessous, on lit l'inscription

arabe suivante : احفظي عبدتك مريم

Protège tes serviteurs, ô Marie (1). Cette médaille est datée, ce qui la rend particulièrement intéressante; elle porte la date de l'année 711 et il y a lieu de croire qu'il s'agit de l'ère chrétienne. (2).

Il y aurait beaucoup de curieuses conjectures à faire sur de telles données. Mais nous ne faisons point, ici, une œuvre d'archéologie : c'est simplement une œuvre d'édification et de piété. Tout ce que nous voulons conclure de ce qui précède, c'est que, durant la période de l'esclavage, et alors que l'ancienne foi chrétienne semblait avoir complètement disparu pour des yeux inattentifs, on trouvait encore en Afrique de nombreuses marques du culte de Marie.

C'est à Elle, comme nous l'avons dit plus haut, que les malheureux esclaves avaient particulièrement recours pour demander et obtenir leur délivrance.

Saint Vincent de Paul, esclave lui-même dans les bagnes de Tunis, a écrit que c'est à la seule intervention de la Sainte Vierge Marie qu'il a dû sa délivrance.

---

(1) La traduction exacte, en réunissant les sigles grecs et l'inscription arabe, serait plutôt : « *Mère de Dieu, protège ta servante Marie.* »

(2) Voir : le *Culte de la Sainte Vierge en Afrique*, p. 155-163.

« Dieu, dit-il, opéra toujours en moi une croyance de délivrance, par les assidues prières que je lui faisais, *et à la Vierge Marie, par la seule intervention* de laquelle je crois fermement avoir été délivré (1). »

Combien d'autres auraient pu rendre le même témoignage, et combien de miracles mêmes ont été dus à l'ardeur de leur prière et de leur foi. En voici un entre mille :

« Pour entretenir deux esclaves chrétiennes qui avaient extérieurement, d'abord, renié la foi, mais qui, ensuite, étaient revenues aux sentiments de la piété, dit l'auteur de l'histoire de La Merci, et pour les fortifier dans la dévotion qu'elles portaient à la sacrée Vierge, le Refuge des pécheurs, le P. Jean de Zamora leur porta secrètement, à leur demande, une petite image en relief de la sainte Vierge, fort ancienne afin qu'elles lui fissent leurs prières et qu'elles implorassent sa puissante protection. Elles la reçurent avec un grand respect, et l'ayant mise en un lieu assuré, elles allaient souvent se mettre à genoux devant cette dévote image, pour la prier, les larmes aux yeux, d'avoir pitié de l'horrible

----

(1) Lettre à M. de Commet.

misère où le malheur de leur condition les avait précipitées.

« Un jour qu'elles la priaient, avec une ferveur extraordinaire, de les retirer de cette double captivité du corps et de l'âme, où elles étaient réduites, elles aperçurent couler du visage de cette image une sueur d'eau et de sang. Elles en furent d'abord extrêmement effrayées. Mais leur frayeur s'augmenta encore davantage, quand, après avoir essuyé la sueur avec un linge, elles virent que cette image poussa une autre sueur si abondante, qu'on eût dit que tous les pores de cette figure eussent été ouverts. Elles en avertirent promptement le V. P. Jean de Zamora, qui, s'étant rendu chez elles, fut témoin de cette sueur miraculeuse : sur quoi, il prit occasion de leur représenter fortement l'énormité du crime qu'elles avaient commis, en ce qu'ayant été rachetées du sang précieux de Jésus-Christ et régénérées à la grâce par les eaux purifiantes du Baptême, elles avaient été assez malheureuses de scandaliser toute l'Eglise par leur apostasie apparente, pour s'affranchir des misères de leur captivité. Les voyant fondre en larmes et repentantes de leur péché, il leur dit, pour les consoler, que Dieu ne faisait ce miracle que pour leur témoigner que, comme il avait autrefois sué l'eau et le sang, au jardin des Oliviers et au commencement de sa

Passion, qu'il avait encore voulu consommer sur la croix par l'eau et le sang qui sortirent de son divin côté, il avait permis que cette dévote image de la sainte Vierge suât l'eau et le sang, afin de les assurer, par ce miracle, qu'il était tout prêt à leur pardonner leurs péchés passés, pourvu qu'elles en conçussent une extrême douleur. Après avoir donc témoigné au Révérend Père une extrême douleur de ce qu'elles avaient fait, elles se recommandèrent à ses saintes prières et lui promirent de faire tout ce qu'il leur conseillerait pour apaiser la colère de Dieu irrité contre elles, et pour sortir de ce funeste état. Son avis fut qu'elles priassent un chrétien qui avait été captif, qui s'était racheté, et qui était sur le point de retourner en Espagne, de les emmener avec lui sur le vaisseau qu'il avait fait venir. La compassion que ce généreux chrétien eut de leur misérable condition, et le zèle que Dieu lui inspira de leur salut, l'engagea à les servir dans cette périlleuse entreprise. Comme elles n'avaient pas encore disposé toutes choses, il leur promit et leur jura de retourner à un certain temps qu'il leur marqua ; c'est ce qui fut exécuté et elles sortirent ainsi de l'esclavage (1). »

(1) *Histoire de l'Ordre de la Merci*, composée par les RR. Pères de la Merci.

Nous le répétons, les exemples sont trop nombreux pour que nous puissions tous les reproduire ici : ils suffiraient à remplir un volume. Mais il en est un que nous ne pouvons taire ; car il se rapporte aux lieux mêmes où le pèlerinage de N.-D. d'Afrique a été depuis établi. Le voici, tel que nous l'ont conservé d'anciens auteurs, et en particulier Duché de Nancy, dans un ouvrage qui a pour titre « *Histoires édifiantes* », publié en 1706.

A l'époque où fut livrée la bataille de Lépante, c'est-à-dire au mois d'octobre 1571, il y a maintenant plus de trois siècles, le pacha d'Alger, Euldj-Ali, se rendant à l'appel du sultan de Constantinople, ravagea et pilla, sur sa route, plusieurs îles de l'archipel, et, entre autres, celle de Cérigo. Parmi les captifs de cette île, se trouvait une femme, jeune encore, Angélique Caggioli, avec ses deux fils et une fille nommée Anna, tous trois encore en bas âge. De tout ce qu'elle possédait, elle ne put sauver avec elle qu'une petite image de la Sainte Vierge pour laquelle elle avait une particulière dévotion, et qu'elle cacha sous ses vêtements. Selon l'usage barbare des pirates, la malheureuse mère fut séparée de ses enfants, vendus à des maîtres différents ; et elle-même tomba entre les mains d'un rénégat espagnol, nommé Momi, qui l'accabla durant douze années de mauvais traitements.

Pendant ces douze années, elle ne perdit pas un moment sa confiance en Marie. Prosternée, chaque soir, devant sa petite image, elle La suppliait de lui rendre sa liberté et ses enfants. Momi, irrité de sa persévérance dans sa foi, voulut s'en défaire et la vendit à un Turc. Celui-ci l'avait prise pour servir de servante à sa jeune femme, une esclave aussi, qu'il avait achetée, douze ans auparavant.

Cette jeune esclave, c'était Anna, la fille d'Angélique, l'enfant qui avait été enlevée, en même temps qu'elle, de l'île de Cérigo, et vendue à un autre maître. Partagées entre la crainte et la joie, elles dissimulaient devant leur maître, mais ensuite, se trouvant seules, elles repassèrent dans les larmes tous leurs anciens souvenirs. La mère exhorta sa fille à revenir à sa foi première et à demander à Dieu pardon de l'avoir oublié. La fille se rendit à des exhortations si douces ; et, désormais, chaque soir, elles furent deux à se présenter, en suppliantes, devant l'image de Marie.

L'un des fils d'Angélique, vendu comme elle, était enfermé dans un des bagnes voisins de sa nouvelle demeure. Ils se reconnurent, un jour, et purent combiner les moyens de sortir de l'esclavage. Le fils délivré, le premier, par l'argent qu'Angélique recevait de sa fille, partit pour l'Italie. Là, d'après les projets arrêtés entre eux, il loua un navire pour venir sur le rivage voisin d'Alger recevoir sa mère et sa sœur qui devaient prendre la fuite. Ici le récit nous reporte aux lieux actuels de notre pèlerinage. Le mari d'Anna, riche musulman d'Alger, possédait une villa, à la Vallée des Consuls (1). Il tomba malade, et pour respirer un air plus pur, il se fit transporter dans sa résidence des champs. Il y mourut, malgré les soins qui lui étaient donnés, presque au moment où Antoine, c'était le nom du fils d'Angélique, partait de Naples pour venir retrouver sa mère.

Celle-ci continuait, chaque jour, avec ferveur, et désormais avec une liberté entière, depuis la mort du musulman, ses prières auprès de l'image de la Madone.

Un soir, qu'elles l'avaient priée comme à l'ordinaire, elles entendirent un bruit de gravier jeté discrètement contre leurs fenêtres. C'était le signal convenu avec Antoine. Tremblantes d'émotion et d'allégresse, elles prirent ce qu'elles

---

(1) Le récit ne nomme pas la vallée, mais Mgr Pavy a établi, très solidement, que c'était là que demeurait le maître d'Angélique, d'après le témoignage de son historien.

avaient de plus précieux, appelèrent leurs esclaves chrétiens et descendirent la colline jusqu'à la crique, auprès de laquelle se trouve bâtie, aujourd'hui, une partie du village de Saint-Eugène.

Là se trouvait une barque adossée à la rive et qui les attendait. Nos fugitives y entrèrent, portant toujours avec elles la petite image de Marie, à laquelle elles attribuaient leur délivrance.

Cette confiance ne leur fut pas inutile ; car, poursuivies par un corsaire, elles furent sur le point d'être prises et n'échappèrent que par miracle. C'est ainsi qu'elles arrivèrent en Italie, où le Pape, alors que le grand Sixte V, voulut les voir et entendre leur histoire.

Le fils d'Anna fut baptisé par le Cardinal de Joyeuse, Ambassadeur de France, et le Souverain Pontife releva les deux pauvres femmes des censures qu'elles pouvaient avoir encourues, l'une en reniant, l'autre en dissimulant sa foi.

De là, elles se rendirent à Naples, ayant toujours avec elles l'image de la Sainte Vierge. Elles la déposèrent pieusement dans un sanctuaire dédié à Sainte Marguerite, et elle y est restée en vénération jusqu'à ce que le sanctuaire lui-même soit tombé en ruines, au commencement de ce siècle.

Telle est la première faveur miraculeuse obtenue, il y a des siècles, par l'intercession de Marie, sur cette même colline où s'élève, maintenant, son pèlerinage. Elle semble relier les temps anciens aux temps nouveaux auxquels nous allons arriver.

CHAPITRE TROISIÈME

DU CULTE DE MARIE EN AFRIQUE, DEPUIS LE RÉTABLISSEMENT DE LA LIBERTÉ CHRÉTIENNE, EN 1830, ET DE CE QUI PRÉPARA IMMÉDIATEMENT LA FONDATION DU PÈLERINAGE DE NOTRE-DAME D'AFRIQUE.

Sommaire

Pensée chrétienne qui préside à l'expédition d'Alger. — Esprit d'irréligion des temps qui suivirent la conquête. — Ses funestes effets sur les indigènes. — Mgr Dupuch, premier évêque d'Alger. — Son zèle. — Sa charité. — Sa touchante piété envers la Sainte Vierge. — Notre-Dame de Verdelais. — Elle lui donne son premier auxiliaire. — Statue de Marie trouvée dans le port d'Alger. — Notre-Dame des Victoires. — Statue du futur pèlerinage donnée à Mgr Dupuch par les élèves du Sacré-Cœur de Lyon. — Mgr Pavy. — Sa dévotion envers la Sainte Vierge.— Souvenir de Notre-Dame de Fourvières. — Le Petit-Séminaire de Saint-Eugène dédié à Notre-Dame. — Il est la première occasion d'un pèlerinage à Marie.

La pensée qui avait décidé l'expédition d'Alger était non seulement une pensée de civilisation et d'humanité, mais encore une pensée chrétienne. Le Ministre de la Guerre, M. de Clermont-Tonnerre, ne craignait pas de dire au Roi Charles X, dans le rapport qui lui proposait cette expédition, que si Dieu accordait sa protection aux armes de la France, celle-ci pourrait rétablir le christianisme en Afrique et ramener la foi parmi des peuples qui, jadis, avaient été chrétiens.

Malheureusement, l'esprit des années qui suivirent la révolution de 1830, fut un esprit tout contraire. On vit les Français ne donner, en Afrique, même dans les camps et sur les champs de bataille, à peu près aucun signe de religion. Ce fut ce qui rendit la résistance des Arabes si furieuse, dès l'origine. Pleins de foi, comme ils le sont dans leur religion, quoique fausse, ce qu'ils méprisent surtout, c'est un peuple impie: « Les Français nous surpassent en tout, disaient-ils, dès l'origine, et ils le répètent encore aujourd'hui : en instruction, en perfection d'armements ; il n'y a qu'une chose dans laquelle nous leur soyons supérieurs, c'est dans la connaissance et dans le respect de Dieu. »

Abd-el-Kader lui-même ne craignit pas de s'en exprimer clairement, et de dire, à plusieurs reprises, qu'il ne pouvait se fier à la parole des Français, parce que des athées ne pouvaient avoir de conscience.

Ces amers reproches des Indigènes et la crainte des conséquences politiques qu'une semblable opinion pouvait entraîner, décidèrent enfin le gouvernement à appeler en Algérie le clergé catholique et à y constituer un évêché. Le prélat choisi pour occuper ce nouveau siège, dont le territoire immense s'étendait à toute l'Algérie, fut Mgr Dupuch.

C'était un saint.

Il appartenait, par sa naissance, au diocèse de Bordeaux, où il avait exercé les plus humbles et à la fois les plus sublimes ministères, auprès des pauvres, des abandonnés, des enfants. Il s'était fait, en particulier, le protecteur et le père des petits ramoneurs savoyards qui, chaque année, venaient en très grand nombre, dans cette ville, pour y exercer leur industrie. Il les recevait dans sa maison, les instruisait, les choyait comme une mère, leur faisait faire leur première communion et les renvoyait meilleurs dans leur pays.

Une tempête affreuse ayant décimé, quelque temps avant sa nomination à l'épiscopat, la population maritime de la Gironde, l'abbé Dupuch se fit encore le père de ces orphelins. Il avait un très riche patrimoine : il l'engagea tout entier pour cette œuvre. La popularité que donna à son nom, dans toute la France, cette vie de dévouement et de charité, fit jeter les yeux sur lui, quand il s'agit d'un évêché où le dévouement était si nécessaire.

Sa première pensée fut de mettre son nouveau diocèse sous la protection de Marie. Il avait toujours eu une prédilection spéciale pour son culte. Dans le diocèse de Bordeaux, existe un pèlerinage antique et illustre, Notre-Dame de Verdelais, où les populations se rendent en foule, chaque année, aux principales fêtes de la Madone. Mgr Dupuch était un de ses pèlerins les plus assidus, et il s'en était fait aussi l'apôtre et le missionnaire. Sa première pensée, aussitôt après sa nomination, fut donc de se rendre à son pèlerinage de prédilection, pour implorer les lumières d'en haut, et c'est Marie qui lui donna le premier compagnon de son apostolat.

« C'est à la Reine des Apôtres, dit son historien, qu'il s'adressa pour obtenir les grâces qui lui devenaient nécessaires. Il alla donc faire un pèlerinage à Notre-Dame de Verdelais, pour laquelle il eut toujours la plus tendre dévotion. Quels doux moments il passa alors dans le sanctuaire vénéré ! Que de prières et de larmes il répandit devant la miraculeuse image ! Après s'être relevé plein de confiance, il demanda, en plaisantant à M. Dagret, curé de Verdelais, s'il ne pourrait pas lui donner cette précieuse statue. « Non, reprit celui-ci, mais je puis vous donner le curé. » — J'accepte, reprit vivement

Mgr Dupuch, et bientôt après, M. Dagret faisait ses adieux à son troupeau (1). Il a été le premier vicaire général d'Alger, c'est lui qui a composé les chants suaves et pieux du Petit Office de la Sainte Vierge, tels qu'on les chante, aux Vêpres du Dimanche, dans toutes les églises de l'Algérie. »

Ce trait de l'Episcopat de Mgr Dupuch, n'est pas le seul qui relie l'Afrique nouvelle au culte de Marie et à la confiance envers Elle. Dans son «*Essai sur l'Algérie chrétienne* », Mgr Dupuch lui-même en raconte plusieurs autres qui sont comme l'aurore de la consécration spéciale de la nouvelle Eglise d'Afrique à la Mère de Dieu. Parmi eux, le premier qu'il rappelle est celui de la découverte faite, dans le port d'Alger, au moment même de la conquête, d'une belle statue de Marie enfermée dans une caisse, venue on ne sait d'où, et dont on ignorait également le contenu.

« Cette statue, dit-il dans son *Essai*, est d'une hauteur plus qu'au-dessus de nature, et représente la Mère du Sauveur tenant son Divin Fils entre ses bras ; elle fut trouvée, après la con-

---

(1) *Vie de Mgr Dupuch*, p. 109.

quête, sur le port d'Alger, dans une caisse exactement fermée, sans adresse aucune, de telle sorte qu'on n'a jamais pu savoir précisément qui l'avait envoyée, ni même depuis quelle époque elle avait été transportée sur ces rivages ; les uns ont cru toutefois qu'elle provenait de quelque ancienne prise de pirates ; les autres, et je serais de leur avis, qu'elle avait été placée, par une main ingénieusement prévoyante, sur un des vaisseaux de la flotte qui, la première des flottes chrétiennes, devait dominer sans rivale sur les anciens maîtres d'Alger.

« Quoi qu'il en soit, cette statue eut pour premier sanctuaire le marabout ou enfoncement sacré d'une mosquée devenue cathédrale provisoire ; on lisait, autour ou au-dessus de cette espèce de large niche, en caractères arabes gravés ou peints de la main même des infidèles, les louanges de l'humble Servante du Seigneur, extraites de l'Alcoran (1). »

Ce fut, sans doute, cette découverte inattendue et un vœu qu'il fit, dans la suite, à la Sainte Vierge, pour obtenir la conversion de cette terre infidèle, qui inspirèrent la pensée au pre-

---

(1) *Essai sur l'Algérie chrétienne*, par Mgr Dupuch, p. 303.

mier évêque d'Alger de donner à sa cathédrale provisoire, en attendant que celle de Saint-Philippe fût mise en état de recevoir définitivement le culte, le nom de *Notre-Dame des Victoires*.

« Elle a reçu, dit Mgr Dupuch lui-même, son glorieux nom actuel, en mémoire d'un vœu formé au pied de l'image vénérée de Notre-Dame des Victoires, à Paris, par le premier Evêque d'Alger, accompagné de deux jeunes néophytes arabes, au moment où il offrait, il consacrait, une nouvelle fois, son Eglise à Celle dont l'univers catholique chante qu'Elle a vaincu toutes les hérésies : *cunctas hæreses interemisti !*

« Ce qui rend Notre-Dame des Victoires d'Alger plus intéressante, mille fois, que les précieux ornements qu'on aurait pu y multiplier, à la place de son humble parure, c'est, avec cette origine, l'institution de la pieuse archiconfrérie du très Saint et Immaculé Cœur de Marie. Fille chérie de celle de la capitale de la France, les exercices en sont une délicieuse imitation et une douce réminiscence ; nous les appelions parfois, ah ! qu'on nous pardonne ce qu'une pareille expression peut avoir de profane, *Pergama nostra, parvi Simoëntis ad undam !* (1) »

---

(1) Mgr Dupuch. *Essai sur l'Algérie chrét.*, p. 309.

Après avoir ainsi placé les débuts de son ministère et ses conquêtes futures, aussi bien que celles de ses successeurs, sous ce vocable plein d'espérance, Mgr Dupuch conçut aussi le projet d'un pèlerinage à Marie. Notre-Dame de Verdelais occupait toujours sa pensée, comme elle avait occupé son cœur, pendant les années de son sacerdoce, à Bordeaux. Il voulut lui élever un petit sanctuaire, à côté du séminaire dont il avait jeté les bases sur les collines de Mustapha, dans l'ancien consulat de Danemark. Les fidèles, bien rares qui habitaient Alger, il y a un demi-siècle, se rappellent ce souvenir et la foi fervente et sainte de leur premier pasteur.

Néanmoins, ce n'était pas là que Marie devait voir les foules venir implorer sa clémence.

Cœur admirable, plein de tendresse et de charité, Mgr Dupuch avait porté en Algérie la générosité dont il avait donné tant de preuves en France. Mais, âme pure et confiante avant tout, ne soupçonnant jamais le mal, il fut la victime de sa charité même. Trompé par d'indignes manœuvres, abusé par des promesses qui ne devaient pas être tenues, il se vit livré, à la fin, aux poursuites des créanciers, et obligé de quitter, en fugitif, cette terre qu'il avait arrosée de ses larmes et de ses sueurs, et embaumée surtout du parfum de ses vertus.

Ce n'était donc pas à David, c'était à Salomon qu'était, comme autrefois, réservée la construction du temple. Mais, si ce fut le second Évêque d'Alger qui commença et mena presque à son terme la construction de Notre-Dame d'Afrique, ce fut cependant Mgr Dupuch qui, par avance, lui donna son image vénérée et aujourd'hui célèbre dans toute l'Eglise. Laissons son historien nous raconter comment cette statue lui fut offerte :

« Dans la maison du Sacré-Cœur de Lyon, dit-il, Mgr Dupuch présidait (c'était le 5 mai 1840), une assemblée où se manifesta d'une manière éclatante la pieuse générosité des Lyonnais. En entrant dans la salle de réunion, il vit étalés à ses yeux divers objets de prix destinés à son diocèse, tels que vases sacrés, ornements sacerdotaux, linge d'autel, et, au-dessus de tout cela, une magnifique Vierge en bronze, que les élèves de l'établissement lui offraient, pour qu'elle fût placée sur le faîte de la cathédrale d'Alger. Après avoir admiré ces riches dons, le prélat les bénit, et, avec l'accent de la plus vive reconnaissance, remercia les âmes charitables qui coopéraient si noblement à l'œuvre de Dieu ; puis, s'adressant en particulier aux jeunes pensionnaires : « Mes chères enfants, leur dit-il, quel

serait l'étonnement de l'homme étranger à
l'amour de Dieu et de sa sainte Mère, si, arri-
vant au milieu de vous, il voulait se rendre
compte des sentiments de joie qui vous animent !
Quelle est donc cette cérémonie ? Quelle est cette
statue ? Qui êtes-vous ? Qui suis-je moi-même ?
Cette statue, c'est l'image de la Mère de Dieu ;
vous êtes sa famille de prédilection, ses enfants
bien-aimées et bénies ; et moi, je suis un pauvre
évêque d'Alger, de cet Alger naguère encore la
ville des pirates, naguère la cité ennemie de
Dieu, dominée par le Croissant, éclairée par de
sinistres lueurs ; maintenant la ville renouvelée,
où domine la croix du Christ victorieux. Et
vous, sachant que Marie et la croix ne sauraient
être séparées, que partout où règne le Fils, là
doit aussi régner la Mère, vous voulez que son
image, envoyée par vous, soit placée au-dessous de la croix, au sommet de la cathédrale,
au point le plus élevé de la ville ; vous l'offrez à
ce peuple qui ne connaissait pas la médiatrice
des pèlerins... O mes enfants ! vous voilà par
ce seul acte unies à notre mission. Vous devez en
partager les espérances, les sollicitudes, les
triomphes. Il appartenait à nous, prêtres, de
planter la croix sur la terre désolée ; mais à
vous, il était réservé de lui donner l'image de
notre Mère, de la mère des consolations, des

plus douces espérances. Nous sommes donc unis par les liens d'une mission commune ; le temps s'écoulera, mais ne pourra les détruire (1) »

Mgr Dupuch voulut placer la statue de Marie, non sur le sommet de la Cathédrale, qui n'était pas encore terminée, mais sur le minaret d'une ancienne mosquée qu'il venait de transformer en église, dans le haut de la ville, sous le nom de Sainte-Croix. Je ne sais quelle vaine crainte de fanatisme musulman, comme on en met en avant en Algérie, toutes les fois que l'on veut faire échouer un projet de piété chrétienne, le força de renoncer à celui qu'il avait ainsi conçu.

Placée, alors, sur la terrasse de l'évêché, elle fut enfin transportée à Staouéli, lorsque les Trappistes en eurent pris possession ; ils la mirent sur la porte de leur monastère, encore ouvert de toutes parts, et au-dessous ils gravèrent cette inscription : *Ils m'ont choisie pour gardienne* (2). C'est là que Mgr Pavy, nous verrons à la suite de quelles circonstances et de quelles prières, devait aller la chercher, plus tard, pour la placer sur la colline d'où elle domine maintenant Alger, et la mer, et tous ses rivages où elle semble bénir encore, de loin, la France qui nous l'a donnée.

(1) *Vie de Mgr Dupuch*, p. 241, 242.
(2) *Posuerunt me custodem.*

Mais avant de parler de cette première translation, nous avons à reprendre notre récit par ordre de temps.

Mgr Pavy avait succédé à Mgr Dupuch. Nature puissante, pleine des saints enthousiasmes de la foi, il portait en Afrique, comme son prédécesseur, les souvenirs profonds du culte de Marie. Le premier était le fils de Notre-Dame de Verdelais ; le second, celui de Notre-Dame de Fourvière. Mgr Pavy appartenait, en effet, par sa naissance au diocèse de Lyon, à cette même ville, — car tout semble s'enchaîner merveilleusement dans cette simple histoire — d'où était venue, comme on l'a vu, avec Mgr Dupuch, la statue de Notre-Dame d'Afrique. Si l'on veut savoir quel était son amour pour Marie, on n'a qu'à lire les lignes suivantes qu'il plaçait en tête d'un écrit consacré par lui au futur pèlerinage :

« Sainte église de Fourvière ! ma pensée se reporte instinctivement vers toi. Elevé au pied même de ta colline, ton souvenir m'accompagne partout. Je crois entendre, d'ici, le son de ta cloche, qui, chaque matin, m'annonçait le réveil et berçait, tous les soirs, le sommeil de mon enfance. Je vois pointer vers le ciel ton vieux et humble clocher ; je vois tes deux vieilles nefs s'emplir des flots sans cesse renaissants des foules attendries ; j'aperçois ta Madone chérie et le doux Enfant qu'elle porte dans ses bras, me souriant, dans mes anxiétés, de leurs plus suaves regards. Que d'heureux instants j'ai passé dans ton sanctuaire ! Que de charmes j'y ai goûtés ! Que de grâces j'y ai reçues ! En suis-je sorti une seule fois sans me sentir l'envie d'être meilleur, et sans en rapporter sérénité dans l'esprit, calme dans le cœur, dévouement au devoir, résignation dans les peines et plus tendre affection pour tous ? Aujourd'hui, qu'un lointain apostolat a placé entre tes saintes murailles et ma vieille dévotion de si longues distances, je me console en pensant à toi, sainte chapelle ! et, tu le sais bien, jamais les devoirs de ma charge ne m'appellent à traverser *la cité des martyrs et des aumônes*, sans que j'aille me prosterner devant la statue de Marie et offrir à son autel le sacrifice de mes louanges. Oh ! que je serais heureux de pouvoir transporter, sur la terre d'Afrique, une part de la dévotion de ton antique et vénérable pèlerinage ! Un autre Fourvière, auprès d'Alger ! Cette idée me fait tressaillir d'émotion, et mes yeux se mouillent d'affectueuses larmes. Quelque chose me dit, au fond de l'âme, que ce n'est pas là seulement un rêve ! Salut donc à toi, Notre-Dame de Fourvière ! A vous également salut, bien heureuse église de Notre-Dame de Lorette, où j'ai pu verser le tribut de ma foi et de ma confiance en Marie, là même où, dans son sein, le Verbe de Dieu se fit chair ! Salut à vous, Notre-Dame de la Garde, à qui je confiai plus d'une fois le succès de ma route à travers les flots ! Salut à vous, pieux ermitage de Notre-Dame des Cabanes, que par trois fois j'ai visité dans les grands bois de la Chartreuse. A vous toutes salut, saintes églises de la Vierge où sa protection toute puissante enfante, chaque jour, des merveilles (1). »

Avec des sentiments de dévotion aussi tendres, Mgr Pavy devait naturellement désirer voir les fidèles de son diocèse naissant, se grouper autour de l'image de leur Mère, comme il avait vu ceux de Lyon se grouper autour de leur antique protectrice.

Il venait d'obtenir du gouvernement l'ancien consulat de France, à la vallée des consuls, pour y établir son petit séminaire, et il l'avait placé sous la protection de Notre-Dame et de Saint Louis. Tout près de la maison, se trouvait un ravin. C'est là que nous allons voir commencer

----

(1) Mgr Pavy, *Appel en faveur de Notre-Dame d'Afrique*, p. 3 et 4.

humblement, dans le creux d'un olivier, le pèlerinage de Marie. Mais il nous faut maintenant
remonter un peu plus haut.

Chapelle de Notre-Dame du Ravin

DEUXIÈME PARTIE

De la fondation du Pèlerinage de Notre-Dame d'Afrique et de la construction de la Basilique qui en est aujourd'hui le sanctuaire.

CHAPITRE PREMIER

AGARITHE ET ANNA OU « LES SŒURS DE NOTRE-DAME D'AFRIQUE. »

Sommaire

Les véritables inspiratrices du Pèlerinage. — Deux saintes en Algérie. — Agarithe et Anna, originaires de Lyon. — Leur biographie. — Elles s'offrent à Mgr Pavy pour l'un de ses établissements. — Leurs rares vertus. — Caractère et détails particuliers des vertus d'Agarithe. — Caractère et détails particuliers des vertus d'Anna. — Leur dévotion à la Sainte Vierge et au pèlerinage de Fourvière. — Premières pensées de l'établissement d'un pèlerinage en Algérie. — Notre-Dame du Ravin. — Nombre toujours croissant des pèlerins. — Inspiration d'Agarithe pour la création d'un pèlerinage plus considérable. — Elle décide Mgr Pavy à construire une chapelle provisoire. — Elle s'en constitue la gardienne, la servante et la trésorière. — La statue des enfants de Marie de Lyon placée au pèlerinage. — Bénédiction de la chapelle provisoire. — Augmentation du concours des Pèlerins. — Nécessité d'une grande église. — Agarithe s'adresse à Saint Joseph. — Elle décide Mgr Pavy.

Les véritables fondatrices du pèlerinage de Notre-Dame d'Afrique furent deux pieuses et humbles filles, aujourd'hui ensevelies toutes deux, l'une, dans la petite chapelle du pèlerinage, l'autre, dans la grande basilique. C'est S. Em. le Cardinal Lavigerie qui leur a fait donner cette sépulture, et c'est lui-même qui a voulu aussi, comme on le verra plus loin, écrire l'épitaphe où il est dit qu'elles ont vécu et qu'elles sont mortes en odeur de sainteté.

Jamais honneur religieux ne fut mieux mérité que celui-là.

Le monde ne les a point connues ; le peuple qui les a vues l'une après l'autre, pendant plus de vingt-cinq années, se tenir à l'entrée du pèlerinage et y vendre des objets de piété pour le nouveau sanctuaire, les appelait d'un nom touchant : « *les sœurs de la Sainte Vierge* » ou « *les sœurs de Notre-Dame d'Afrique.* » Elles n'étaient point Religieuses, cependant, et elles n'en portaient point l'habit. Elles s'étaient simplement, dans leurs dernières années, fait agréger au Tiers-Ordre de Saint François. Modestement vêtues de noir, comme d'honnêtes ouvrières, elles ne se faisaient reconnaître que par une humilité, une modestie, une piété qui ne se sont jamais démenties, un seul jour.

Leur histoire s'identifie trop avec celle de la basilique, pour que nous ne la racontions pas, d'abord, en quelques mots.

Elle a, du reste, déjà été écrite, pour l'une d'elles, celle qui mourut la première ; et ce qu'on a dit de la première, on pouvait le dire également de la seconde, tant leur vie a été semblable et toujours pleine des mêmes vertus.

Marguerite, ou comme on la nommait, Agarithe Berger et Anna Cinquin habitaient toutes deux Lyon, où elles vivaient dans l'exercice de la piété la plus exemplaire, lorsque Mgr Pavy fut promu à l'évêché d'Alger. Avec une abnégation rare, elles s'offrirent à ce prélat pour le servir dans quelqu'une des œuvres nombreuses qu'il devrait entreprendre, en Algérie, ne demandant, comme autrefois les Apôtres, que le vêtement et leur nourriture bien pauvre. Mgr Pavy les connaissait l'une et l'autre ; il les dirigeait, depuis le temps où il était vicaire d'une des grandes paroisses de Lyon, Saint-Bonaventure. C'est lui qui, témoin de leurs vertus, les avait décidées à vivre ensemble, comme deux sœurs, pratiquant les mêmes œuvres ,travaillant le jour, la nuit soignant les malades, veillant sur de pauvres filles exposées ou abandonnées, et ne connaissant, comme autrefois Saint Grégoire et Saint Basile, que deux chemins dans leur gran-

de cité, celui de leur église et celui de la maison
où elles accomplissaient leurs bonnes œuvres ;
en un mot, dès ce temps-là déjà, deux Saintes
cachées à tous les regards, sauf aux regards de
Dieu, comme il s'en trouve heureusement tant
encore en France, et principalement à Lyon, la
ville de la Propagation de la foi et de tant d'autres œuvres admirables.

Mgr Pavy accepta leur offre avec reconnaissance, certain qu'il ne pouvait trouver d'auxiliaires plus dignes de sa confiance...

Ce sont ces deux humbles filles que nous allons
voir, par une illumination d'en-haut, tout faire
pour créer le pèlerinage.

Mais, avant d'en venir au récit des inspirations à la suite desquelles elles procurèrent la
création du pèlerinage, il est nécessaire d'entrer
dans le détail de leur vie spirituelle. Ce n'est,
en effet, qu'à la vraie sainteté que Dieu réserve
les grandes faveurs surnaturelles, et il faut montrer que celle d'Agarithe et d'Anna était digne
de les recevoir.

Voici donc quelques traits de la courte biographie d'Agarithe, qui a paru dans le *Bulletin de
Sainte-Monique* :

« On remarque, dans la vie de chaque serviteur de Dieu, qu'il y a comme un caractère

particulier d'épreuves qui s'attache à leur existence.

« Le genre de souffrances que Dieu semble avoir assigné, de bonne heure, à sa servante, comme trait caractéristique de sa vie, ce fut la torture du cœur, à l'endroit de ses aspirations religieuses.

« A la tête de ses saintes les plus illustres, l'Afrique place, à bon droit, Sainte Monique qui a éprouvé, elle aussi, toutes les angoisses du cœur, d'abord à cause de son époux, et plus tard à cause de son Augustin. Chez Mademoiselle Agarithe, il y a quelque chose d'analogue, mais de plus poignant encore, car ses peines lui vinrent surtout de sa mère ; c'est-à-dire qu'elle n'avait pas même, comme Monique, la consolation de pouvoir faire de représentations ou de remontrances, à la cause de ses tourments.

Agarithe ne pouvait donc que souffrir en silence et se contenter de pleurer et de prier. C'est alors que commença à se répandre sur son visage ,pour ne plus se dissiper désormais, ce voile de tristesse résignée, de douleur calme, que nous lui avons remarqué jusqu'à son dernier jour. C'est alors aussi qu'elle a senti sa dévotion s'accroître, de plus en plus, pour la

Vierge au cœur percé de glaives. C'est, en effet, sous le vocable de Notre-Dame des Sept-Douleurs qu'elle se plut davantage à invoquer Marie.

« Pendant les quatorze ou quinze ans que Mlle Agarithe mena une vie obscure à Lyon, elle prit davantage encore le dégoût du monde qu'elle voyait de moins en moins, car son état de souffrance presque continuelle l'obligea à travailler chez elle, tandis qu'Anna continua à aller au dehors. Son goût pour la solitude, pour l'union avec Dieu dans le Saint-Sacrement, son amour pour les souffrances qu'elle supportait avec une si grande résignation, ne firent que s'accroître de plus en plus. On ne la voyait plus sortir que pour aller à l'église de sa paroisse, ou pour monter à Fourvière, où elle éprouvait le besoin de porter souvent ses peines, ses douleurs, pour y recevoir, en échange, la consolation que Marie se plaît à communiquer à ses âmes fidèles.

« Depuis son enfance, cette dévotion à Notre-Dame de Fourvière n'avait fait que s'accroître avec l'âge ; aussi, pendant de longues années, eut-elle pour coutume invariable d'y monter, à toutes les fêtes de la Sainte Vierge, et tous les samedis, à 4 heures du matin, pour aller y faire la sainte communion, et redescendre, afin de commencer son travail à l'heure ordinaire.

« On a souvent remarqué que Dieu se plaît à déposer, chez la plupart de ses serviteurs, les germes de la destinée qu'il leur réserve, dans la première partie de la vie qu'ils passent sur la terre. C'est ainsi qu'il semble les préparer lui-même à la vocation pour laquelle il les a créés.

« Ainsi en fut-il d'Agarithe.

« Dieu la réservait à un genre de vie spécial en Afrique.

« Sa passion pour la solitude et la vie intérieure qui la porta à passer le reste de sa vie dans la petite cellule du Pèlerinage, au point qu'elle demeura plus de dix ans sans vouloir descendre à Alger, qui cependant n'est qu'à un kilomètre, se développa et grandit dans la vie si retirée qu'elle mena à Lyon, pendant quinze ans, seule, dans sa modeste chambre, où Anna se rendait seulement chaque soir, après sa journée.

« Mais ce à quoi Dieu la destinait surtout, c'était à édifier par son détachement du monde, son amour pour le Très Saint Sacrement, sa dévotion à Marie, qu'elle devait contribuer, nous allons le voir, à faire tant honorer sur la terre d'Afrique. Aussi, pendant tout le cours de sa vie à Lyon, il semble qu'elle ne connut aucune autre jouissance que celles inénarrables qu'elle goûtait dans la Sainte Communion, dans les visites fréquentes à l'église, et surtout aux pieds de Marie, à son pèlerinage de Fourvière.

« Ce n'est pas par misanthropie, ni par esprit chagrin, qu'Agarithe avait ainsi enseveli sa vie dans le silence et la solitude ; elle ne l'a fait que par vertu et par esprit de sacrifice. Le passage suivant d'une lettre écrite, par elle, à une amie, nous le fait connaître : « J'ai promis, il y a « longtemps, de ne jamais plus chercher ma « consolation dans aucune créature. *Dieu sait* « *combien ce sacrifice m'a coûté...* Mais puis- « que Jésus daigne être jaloux de mon miséra- « ble cœur, je ne dois plus le partager. »

« Dans la même lettre elle écrit : « Sois heu- « reuse, ma chère vieille amie, de ce que Dieu « a si souvent torturé ton cœur. Quand on con- « naît, par expérience, les déchirements de « l'âme et du cœur, oh ! comme on est plus « compatissant pour les autres. »

« Elle revient souvent sur cette pensée dans ses lettres : « Dis-moi où tu en es dans tes cha- « grins. Tes peines sont mes peines, comme tes « joies sont mes joies. *Oh ! qu'il fait bon avoir* « *souffert !* Combien on comprend mieux la souf- « france de ses frères, surtout ces souffrances « de l'âme qu'aucune parole ne peut rendre. »

« Les âmes ! Ç'a été la passion de sa vie. Son bonheur était de trouver une âme à relever,

à encourager, à porter à Dieu. Voici les paroles si apostoliques qu'elle écrivait à cette même amie, quelques mois avant sa mort : « Courage !
« chère amie, ne te laisse pas abattre ; Dieu
« proportionne les grâces aux besoins. Plus
« nous entrons dans la profondeur de notre
« misère, plus nous nous relevons avec amour
« et confiance. Confiance ! oh, que ce mot est
« doux à mon cœur et à mes lèvres ; Que je
« voudrais pouvoir parcourir la terre et crier
« à tous ceux qui souffrent : *Confiance !* aban-
« don le plus absolu entre les mains de Celui
« qui gouverne tout ! Que de choses j'aurais à
« te dire au sujet de ce doux abandon ; comme
« Dieu sait tirer le bien du mal, même quand
« tout semble perdu pour toujours. Je craindrais
« de manquer de charité, en te révélant des pei-
« nes qui, maintenant, me donnent de la joie.
« Voilà pourquoi je voudrais porter tous les
« cœurs à la confiance en Dieu seul ! »

« A cette passion des âmes se joignait chez elle, on le voit, une très grande commisération pour ceux qui souffrent. De tous les dons que Dieu donna à sa servante, un des plus remarqués a été, en effet, de savoir consoler les personnes qui venaient lui faire part de leurs peines. Son cœur et sa grande charité lui inspiraient admirablement ce qui convenait à chacun, selon la situation où il se trouvait. Dans ces circonstances, sa mémoire était extraordinaire ; elle reconnaissait une personne, après plusieurs années, et se rappelait toutes les ouvertures déjà faites, tous les détails concernant cette âme.

« Son genre de vie ordinaire était des plus mortifiés : elle avait pour lit une simple paillasse, et sa nourriture était des plus pauvres. Elle ne buvait jamais de vin, et, depuis bien des années, la viande n'entrait plus dans ses aliments. Le soir, son habitude invariable était de prendre un peu de pain et d'eau avec un oignon qu'Anna, sa compagne, lui préparait. Ce frugal repas d'anachorète, elle le préférait à tous les festins.

« Et cependant, de l'aveu de cette même compagne qui a passé près de quarante années près d'elle, les mortifications d'Agarithe étaient bien plus intérieures qu'extérieures. En suivant de près une vie si pure et si fervente, on remarquait qu'elle se passait bien plus dans le ciel que sur la terre, au milieu des Anges qu'avec les humains. La vue seule de ce visage si serein, si angélique, impressionnait profondément ; il y avait là comme un rayon céleste qui portait à penser à l'autre vie (1). »

____

(1) *Bulletin de Ste Monique.* Octobre 1875, avril 1876.

Disons maintenant quelque chose de Mlle Anna, la pieuse compagne d'Agarithe. Voici ce qu'un prêtre qui l'a connue à fond, puisqu'il était son directeur, en a écrit, sur l'ordre de ses supérieurs. Nous nous reprocherions d'y changer un seul mot.

« Quoique s'acquittant toujours de la manière la plus parfaite possible de tout ce qui lui était confié, Anna sut se cacher et disparaître, aussi longtemps que sa pieuse compagne, Agarithe, fut avec elle, laissant à celle-ci l'honneur de ce qu'elles accomplissaient ensemble. Mais, une fois que le Bon Dieu eut retiré du monde cette dernière, Anna se trouva seule chargée de la vente des objets de piété, en faveur de Notre-Dame d'Afrique, et, par suite, obligée de se montrer aux yeux des hommes. Or, il ne parut pas alors qu'il y eût rien de changé ni de moins parfait dans la vie de cette sainte fille. Elle s'est toujours distinguée par une piété angélique envers Notre-Seigneur, la Sainte Vierge et Saint Joseph. Elle a fait éclater sa piété envers Notre-Seigneur, par sa tenue dans le sanctuaire, par sa présence presque journalière à la Sainte Table, ses fréquentes visites au Très Saint Sacrement et son assiduité à toutes les cérémonies religieuses, quelque temps qu'il fît, même

lorsque son état lui aurait permis de se relâcher
dans cette fidélité extrême ; mais, à l'exemple
des Saints, elle ne comptait pour rien la peine,
lorsqu'il s'agissait de servir Dieu.

« Elle ne fut pas moins pieuse envers la Sainte
Vierge, et son amour pour elle allait toujours
croissant. On le voyait dans ses conversations.
A la manière dont elle s'en entretenait, on aurait
cru qu'elle vivait dans une intime familiarité
avec Marie ; elle en parlait, comme un enfant
parle de sa mère ; et, comme l'amour se montre
par les œuvres, elle ne reculait devant aucune
peine pour procurer les ressources nécessaires
à l'embellissement de son temple.

« Sa dévotion envers Saint Joseph n'était pas
moins admirable. Jusqu'à sa mort, elle a voulu
entretenir, jour et nuit, deux lampes dans son
sanctuaire, et le sacrifice était d'autant plus
grand qu'elle prenait sur son nécessaire pour
subvenir à ces frais.

« Sa résignation dans les épreuves était parfaite, comme son abandon à la divine Providence.

« Elle faisait maigre continuellement, man-
geant presque toujours froid, donnant pour raison que c'était pour économiser le temps. Son
maigre potage durait plusieurs jours ; elle ne
buvait habituellement que de l'eau ; quelques

pommes de terre, le plus souvent froides et assaisonnées avec du sel, composaient tout son dîner. Elle se levait toujours à quatre heures. Elle ne couchait que sur une pauvre paillasse ; huit jours avant sa mort, lorsqu'elle fut transportée à l'infirmerie de l'Ecole Apostolique, ce fut par obéissance qu'elle accepta un matelas. Sa chambre, sa cuisine, son mobilier, indiquaient la plus grande pauvreté ; mais tout était si propre, si bien tenu, si bien en ordre, que souvent j'ai entendu dire d'elle : que dans sa pauvreté elle était une providence; car, avec un rien, elle savait vous procurer ce dont vous aviez besoin. On se demandait souvent comment elle pouvait parvenir à faire tant de travail à elle seule. Quoique très faible depuis plusieurs années, elle soignait son ménage, faisait à elle seule la vente des objets de piété, raccommodait les ornements de la chapelle, les vêtements des Missionnaires, les costumes des enfants de l'Ecole Apostolique, et, toujours, le tout était prêt pour le jour déterminé. On raconte d'elle qu'étant au Petit-Séminaire, elle travaillait jusqu'à tomber en défaillance, si on ne la retenait. Que de fois la même chose a dû arriver, lorsque, n'ayant plus personne pour la modérer, elle se laissait aller à son zèle. Si on lui faisait remarquer qu'elle ne se ménageait pas assez, elle disait : « Le ciel s'approche, et il faut se hâter de ramasser les richesses pour l'éternité. » « Je me réjouis, disait-elle souvent, parce que je m'aperçois que la maison croule peu à peu (elle parlait de son corps), et que le ciel ne tardera pas à me recevoir.

« Lorsqu'elle parlait de la mort, elle paraissait si détachée d'elle-même, qu'elle regardait comme un bonheur d'être délivrée bientôt.

« Anna, si modeste, si grave, si retenue dans ses conversations, demandait quelquefois, lorsqu'elle était plus abattue, la faveur de pouvoir parler à son confesseur pour s'entretenir des choses de Dieu. Qu'elle était admirable alors ! Oh ! qu'elle tenait peu aux choses de ce monde. S'étant faite pauvre volontairement, les deux dernières années de sa vie, elle disait : « Je me réjouis, parce que cette fois je suis pauvre comme Notre-Seigneur ; je n'ai plus rien, et je suis très heureuse de Lui ressembler. »

« Tout ce qu'elle faisait, elle le faisait pour la gloire de Dieu et l'honneur de Marie. Un jour qu'un Missionnaire voulait lui payer un travail, elle lui répondit : « Je ne reçois pas l'argent de l'Algérie, mais celui du Ciel. »

« Elle pouvait vivre de ses revenus et éviter les sacrifices qu'exigeait d'elle l'entretien de la Basilique ; mais elle ne l'a pas voulu, parce que, disait-elle, nous sommes ici pour travailler, et l'éternité suffit pour nous reposer.

« Sa charité s'étendait envers tous, mais les pauvres étaient ceux qu'elle préférait.

« La charité était chez elle accompagnée d'une affabilité qui permettait à tous un abord facile. On trouvait tant de douceur dans ses conversations et d'innocence dans ses jugements, que l'on en était toujours édifié. »

Telles étaient donc les deux saintes filles que Marie avait choisies pour ses servantes, et qui devaient être les instruments de sa miséricorde maternelle.

Ce furent elles, tout d'abord, qui eurent la première pensée d'un pèlerinage à Marie. On verra, au chapitre suivant, que Mgr Pavy se plaisait lui-même à le reconnaître. Mais écoutons, ici, le biographe d'Agarithe :

« Rien, à Alger, dit ce biographe, ne remplaçait pour elle Notre-Dame de Fourvière. Dès le premier jour, elle en avait souffert, ainsi que sa pieuse compagne, et sa peine ne faisait que s'accroître.

« C'est pendant ces moments de religieuse tristesse qu'elle aimait à aller cacher ses regrets à quelque distance du Petit Séminaire, dans une retraite pleine de fraîcheur et de mystère qu'on appelle *le Ravin*.

« C'est une étroite vallée, profondément encaissée, au fond de laquelle un ruisseau promène son eau fraîche et pure, ici, sous la mousse et le lierre, là, à travers les fleurs de ses rives, plus loin, sur un lit de granit taillé à pic comme une cascade.

« Tout le long serpente, en suivant les sinuosités du ruisseau, un sentier qu'abritent constamment de leurs épais ombrages les grands oliviers séculaires qui plongent leurs racines jusqu'au fond du ravin. A droite et à gauche, les deux flancs de la vallée aux pentes rapides, souvent escarpées, mais recouvertes partout d'arbustes verts, reliés entre eux par d'épaisses lianes de chèvrefeuilles et de clématites qui tapissent, en les entrelaçant, arbres et rochers.

« Il y a là quelque chose qui porte instinctivement à la paix, au calme, au recueillement. C'est sans contredit l'un des coins les plus agrestes des environs d'Alger : toutes les séductions de la nature Africaine semblent s'y être donné rendez-vous.

« Ce ravin était la promenade favorite d'Agarithe et d'Anna, quand le devoir ne les appelait pas aux fonctions de leur charge.

« Malheureusement, elles ne tardèrent pas à constater qu'il était, en même temps, fréquenté par des vagabonds de toute espèce. Cette remarque les attrista, car s'il en était ainsi, il leur devenait impossible de continuer à y venir passer leurs instants de recueillement et de solitude.

« C'est Agarithe qui reçut de Dieu l'inspiration vive et ardente de placer là, dans le tronc d'un vieil olivier aux branches touffues, une petite statue de la Sainte Vierge, pour l'établir comme la gardienne de ce séjour. Il lui semblait, disait-elle depuis, que Marie elle-même lui donnait l'ordre impérieux de la faire honorer sur cette montagne, consacrée autrefois par le sang des martyrs. Elle fit part de ce mouvement intérieur à l'Evêque d'Alger qui y trouva toutes les marques d'une inspiration surnaturelle.

« Le jour même, cette sainte inspiration fut réalisée ; et la blanche image de Marie vint prendre possession de son trône de mousse et de feuillage, près de l'étroit sentier et du profond ravin, à l'endroit où, grâce à une source qui s'échappe des rochers, la végétation forme le plus riche berceau de fleurs et de verdure (1).

« A peine la statue fut-elle placée dans le ravin que le concours des fidèles commença.

(1) *Bulletin de Ste Monique*. Octobre 1875, p. 46.

« Quelques femmes de marins avaient, en effet, remarqué, en passant le long du sentier, deux femmes pieuses, Agarithe et Anna, agenouillées devant sa modeste statue, et la priant avec ferveur. Cette douce apparition leur revenait en mémoire, quand l'inquiétude pour ceux qu'elles aimaient envahissait leurs cœurs. Aux jours de tempête ou au lendemain d'un danger, elles prirent l'habitude de venir, elles aussi, offrir leurs prières et faire brûler des cierges aux pieds de la statue.

« Bientôt, le nombre des pèlerins et des grâces obtenues augmentant, Mgr Pavy résolut de faire quelque chose de plus. A cette même place, il fit construire, sous un rocher, une grotte rustique en rocailles entremêlées de coquillages ramassés sur la plage ; et, un jour de fête de la Sainte Vierge, il y fit porter solennellement une statue plus grande et plus convenable de Marie qu'il vint bénir lui-même, entouré d'un nombreux clergé et de tout le Petit Séminaire.

« Ce fut l'occasion d'une fête qui a laissé de profonds souvenirs dans l'esprit de ceux qui y prirent part. Des arcs de triomphe rustiques avaient été dressés à Celle qui venait prendre solennellement possession de ces lieux enchanteurs ; des banderolles étalaient dans les airs le chiffre de Marie ; des chants préparés pour la circonstance se firent entendre, interrompus par de formidables détonations que répétaient, en les prolongeant, les échos du ravin. Le soir, un brillant feu d'artifice vint couronner la fête (1). »

Après avoir parlé du concours, chaque jour plus grand, de pèlerins qui se groupèrent autour de l'humble image, l'écrivain ajoute :

« Le cœur d'Agarithe tressaillit de bonheur et s'ouvrit à l'espérance. Une nouvelle inspiration lui fit connaître que le culte de Marie allait se développer sur cette montagne, et qu'avant peu elle y aurait un temple où les fidèles viendraient en foule, soit pour l'implorer, soit pour lui rendre des actions de grâces ; que l'Afrique posséderait, enfin, son pèlerinage, et qu'elle-même n'aurait plus rien à regretter, puisqu'elle trouverait là, près d'elle, pour venir y épancher son âme, un sanctuaire consacré à Marie, comme celui qu'elle avait tant de bonheur à fréquenter, quand elle habitait Lyon ! » (2)

Ce furent ces premières manifestations de la piété qui amenèrent la création du pèlerinage de Notre-Dame d'Afrique, à la suite de l'humble

____

(1) *Bulletin de Ste Monique*, octobre 1875.
(2) *Bulletin de Ste Monique*, octobre 1875, p. 47.

pèlerinage du Ravin. Elles firent décider, à la prière d'Agarithe et d'Anna, par Mgr Pavy, la construction de la chapelle provisoire qui existe encore aujourd'hui, et que l'on a dédiée à Saint Joseph. Cette chapelle provisoire est construite non plus dans le Ravin qui n'était pas assez accessible à la foule, mais sur le point de la colline qui domine Alger et qui se trouve au bord de la grande route qui y conduit. C'est tout à côté qu'a été, dans la suite, bâtie la Basilique actuelle.

« Mademoiselle Agarithe, ajoute son biographe, vint, dès ce jour, s'installer dans une petite cabane, à côté des ouvriers, pour honorer Marie et chercher à la faire aimèr davantage, à mesure que les murs de sa chapelle s'élèveraient, et aussi pour vendre des cierges et autres objets de piété, afin d'aider à la construction de l'édifice.

« Depuis ce temps, et jusqu'à sa mort, arrivée plus de vingt ans après, elle ne s'est pas absentée, un seul jour, de ce poste d'amour et de dévouement qu'elle s'était assigné.

« Bien des inquiétudes, bien des lenteurs, bien des difficultés semblaient vouloir entraver l'entreprise à ses débuts. Agarithe, qui *savait* le plan de Dieu ne perdit jamais courage. En effet, la chapelle s'éleva peu à peu. Les pèlerins suivaient avec intérêt les progrès de cette construction (1). »

Mais le petit édifice provisoire une fois achevé, il faudrait une statue pour le sanctuaire ; où la prendre ? C'est ici que nous voyons reparaître la statue de Marie donnée, autrefois, à Mgr Dupuch. Elle était venue de Lyon, comme Anna et Agarithe, et comme Mgr Pavy lui-même ; et, cependant, aucun des trois ne connaissait cette circonstance. Ils ne l'apprirent que plus tard, comme le prouve la lettre suivante que Mgr Pavy reçut en ce temps-là même :

« Monseigneur,

« Au moment où tout l'univers catholique s'émeut de joie et d'espérance à la proclamation du dogme de l'Immaculée Conception de la Très Sainte Vierge, permettez aux enfants de Marie de Lyon de faire entendre leurs faibles voix à Votre Grandeur, en lui offrant leurs vœux et leurs prières, pour s'associer en quelque sorte au zèle de votre sollicitude pastorale, qui s'efforce de propager le culte de cette Vierge immaculée.

« Si les enfants de Marie de Lyon travaillent à faire connaître et à faire aimer leur divine Mère, vous savez, Monseigneur, qu'un attrait particulier les rattache à votre chère Église d'Alger,

____

(1) *Bulletin de Ste Monique*, janvier 1876, p. 85.

6

puisque la statue de la *Vierge fidèle* est là pour témoigner leur amour à Marie. Il nous est impossible d'oublier le jour de cette touchante cérémonie du *5 mai 1840*, où, réunies en grand nombre au Sacré-Cœur de la Ferrandière, Mgr Dupuch, votre digne prédécesseur, voulut bien accueillir l'offrande faite par nous à son diocèse d'une statue de la *Vierge fidèle*, destinée à dominer la ville d'Alger et à propager ainsi le culte de notre Mère Immaculée. En bénissant cette statue, symbole d'espérance, Monseigneur renouvela, dans l'effusion de son cœur, la consécration de son diocèse à la Sainte Vierge, voulant bien désormais confondre les enfants de Marie avec le troupeau bien-aimé que Dieu avait confié à sa sollicitude. Une ordonnance épiscopale, datée du même jour, nous assurait des prières communes, en mémoire de cette offrande. Chaque membre de notre chère Congrégation aime à conserver cette ordonnance, à laquelle est apposé le sceau de Monseigneur.

« Depuis cette époque si consolante pour des enfants de Marie, nos cœurs ne peuvent perdre de vue cette précieuse effigie de la *Vierge fidèle*. Elle devait d'abord être placée sur la terrasse épiscopale ; nous apprîmes que divers obstacles s'y étaient opposés. Nous osâmes réclamer qu'en attendant la place qui lui était destinée,

*Statue de la Vierge Fidèle, en bronze, telle qu'elle
était dans la chapelle provisoire. (D'après une
gravure.) (A noter que l'artiste a laissé en blanc
le visage de la Vierge.)*

Statue de Notre-Dame d'Afrique

elle fût confiée aux soins de nos dignes mères du Sacré-Cœur ; mais les Trappistes, possesseurs momentanés de ce précieux dépôt, ne purent se décider à s'en dépouiller, et nous savons que les choses en sont encore là, aujourd'hui. Si nous rappelons tous ces souvenirs à Votre Grandeur, c'est que le moment nous semble venu de donner à cette statue une place digne de notre Mère Immaculée. Nous apprenons, Monseigneur, les efforts de votre zèle pour élever une chapelle à la Sainte Vierge, et nous réclamons pour la *Vierge fidèle* de dominer Alger, du haut de ce sanctuaire, comme elle domine Lyon de notre chère colline de Fourvière. En attendant l'exécution d'un projet cher à votre cœur pastoral, nous serions heureuses de voir notre premier vœu rempli, celui de savoir cette statue déposée dans la maison du Sacré-Cœur.

« Veuillez agréer, etc.,

   « De Votre Grandeur

     « Les très-humbles servantes,
« L. DE JERPHANION, L. CHANEVAY-DUGUEYT,

       BIED-CHARRETON.

« Lyon, 21 mars 1855 (1). »

---

(1) *Vie de Mgr Pavy*, p. 62, 63, 64.

Aucune hésitation n'était permise. Mgr l'Évêque d'Alger se rendit à la Trappe pour y redemander l'image de Marie. Ecoutons le récit de l'historien de la pieuse Agarithe :

« C'est cette statue de Marie, donnée par les élèves du Sacré-Cœur de Lyon, que Mgr Pavy vint, un jour, réclamer à la Trappe par ces paroles : « Vous avez fait de cette Madone la gardienne de votre maison; c'est bien; mais aujourd'hui, je viens vous la demander pour en faire la reine de l'Afrique !... » Les Pères déclarèrent à Monseigneur que la statue lui appartenait ; mais qu'ils ne feraient pas à leur Mère l'injure de la descendre eux-mêmes de la place où ils l'avaient mise, pour la renvoyer de leur monastère.

« L'Evêque se chargea donc de cette opération, et, le lendemain, un chariot amenait à la Vallée des Consuls cette statue que les ouvriers déposèrent sur la paille, pour ne pas l'endommager.

« Mademoiselle Agarithe accourut en toute hâte auprès de sa nouvelle Reine qui venait prendre possession de ces lieux.

« Elle ne souffrit pas qu'elle restât plus longtemps sur cette paille. Elle s'empressa de l'environner d'honneur, d'amour et de prières. Elle l'orna de fleurs et de verdure, fit brûler, devant elle, des lampes et des cierges, jusqu'au moment où elle fût solennellement érigée sur son piédestal de marbre, au-dessus de l'autel où Mgr Pavy vint célébrer, au milieu de nombreux fidèles, la première messe du pèlerinage.

« Ce jour-là, une récompense bien méritée attendait la pieuse Agarithe. Au moment de la communion, Mgr Pavy, ne voyant pas la fondatrice du pèlerinage au premier rang de la table sainte, l'appela à haute voix, au milieu de la foule des pèlerins, des prêtres, des religieux et religieuses qui se pressaient à cette touchante cérémonie. Elle était, comme toujours, modestement retirée dans un coin de la chapelle, attendant que tout le monde eût passé pour prendre la dernière place au banquet eucharistique. Elle dut s'exécuter à la voix de son évêque qui lui ordonnait d'approcher ; et c'est ainsi que cette humble fille a été la première à recevoir la sainte communion au pèlerinage de Notre-Dame d'Afrique.

« C'est le 20 septembre 1857, troisième dimanche de septembre, fête de Notre-Dame des Sept-Douleurs, qu'eut lieu la bénédiction de la chapelle provisoire et que cette première messe y fut célébrée.

« Cette date resta gravée dans le cœur d'Agarithe, d'abord parce que, à cause des souffrances de toute sa vie, elle aimait surtout, nous
l'avons dit, à honorer Marie sous le vocable de
Notre-Dame des Sept-Douleurs ; « *et puis, disait-
elle, Notre-Dame d'Afrique sera particulièrement
la consolatrice des cœurs affligés.* » Elle disait
vrai : les catholiques d'Algérie et les mères chrétiennes du monde entier en savent quelque chose
aujourd'hui ; car elles ont là un centre d'association et de prières perpétuelles. Bien des grâces
de consolation y ont été obtenues, bien des larmes y ont été essuyées !

« Cependant la foule des pèlerins augmentait,
chaque jour davantage, depuis que la petite chapelle dominait la montagne. A certains jours de
fête surtout, le concours devenait tel, qu'une
partie des fidèles devait rester dehors, exposée
à toutes les ardeurs d'un soleil brûlant. (1)

« Agarithe était heureuse d'une telle affluence,
mais elle souffrait de voir que tous ne pouvaient
s'agenouiller, en même temps, aux pieds de leur
Mère, pour faire monter vers elle leur prière :

---

(1) Mgr Leynaud a fait réparer, au commencement
de 1923, cette chapelle provisoire qui menaçait
ruine : un bel escalier, partant de l'esplanade, et entouré d'une balustrade en fer, y conduit maintenant
les fidèles qui vont s'agenouiller au pied de la statue
de Saint Joseph.

« La foi y gagnerait, disait-elle, et les grâces n'en seraient que plus abondantes. »

« Elle fit part de ses réflexions à Mgr Pavy, qui comprenait, lui aussi, la nécessité de faire davantage encore ; mais les ressources lui manquaient.

« Agarithe, dans sa foi vive et simple comme celle des saints, se tourna alors du côté de Saint Joseph : « C'était sur la terre le procureur de la Sainte Famille, aimait-elle à répéter : il a travaillé trente ans à la sueur de son front pour la faire vivre ; il ne peut pas trouver mauvais qu'on s'adresse aujourd'hui encore à sa sollicitude, quand on veut honorer, ici-bas, Jésus et Marie. »

« Le bon saint Joseph exauça la confiance d'Agarithe au delà de toute prévision. Les bénéfices de ses ventes produisirent une somme relativement importante que la pauvre fille fut heureuse de déposer entre les mains de Mgr Pavy. « Voilà pour la première pierre, lui dit-elle, commencez le monument, et il faudra bien que saint Joseph fournisse de quoi l'achever (1). »

------

(1) *Bulletin de Ste Monique.* Janvier 1876.

L'Evêque d'Alger se décida donc à compléter
son œuvre : il résolut d'élever à Notre-Dame
d'Afrique un monument digne d'elle et capable
de contenir la foule si nombreuse qui, les jours
de fête, se pressait déjà autour de la Madone.

Que de traits admirables, que de lumières
vraiment inexplicables, au point de vue de la
nature ! Quelles preuves nous pourrions citer
encore, de la part que ces deux saintes filles
eurent par leurs exemples, par leurs prières et
par leurs conseils, au développement du pèlerinage ! Qu'il nous suffise de dire que jusqu'à la
fin, et pendant vingt-cinq ans, elles se sont faites
les servantes, ou, comme elles le disaient elles-
mêmes, les esclaves du sanctuaire, lui créant des
ressources par la vente des objets de piété, par
leur travail ; mettant leur honneur, leur gloire,
à remplir dans l'église les plus humbles offices ;
passant en prières dans leur petit coin, c'est
l'expression dont elles se servaient, tout le temps
qu'elles n'employaient pas à de rudes labeurs ;
jeûnant, comme les anciens anachorètes; car elles
ne prenaient d'ordinaire, comme on l'a vu, qu'un
peu de pain et d'eau, avec quelques légumes ;
pleines de foi, surtout dans l'achèvement et le
complément de l'œuvre à laquelle la Sainte
Vierge les avait visiblement associées ; répon-

dant à toutes les objections, inspirant tous les courages, même, comme on l'a vu, celui de l'Évêque, bien courageux pourtant, dont nous allons raconter les travaux.

Notre-Dame d'Afrique au-dessus des flots

Notre-Dame d'Afrique, et, à gauche, la chapelle provisoire

CHAPITRE SECOND

MONSEIGNEUR PAVY, ÉVÊQUE D'ALGER, ET LA BASILIQUE DE NOTRE-DAME D'AFRIQUE

Sommaire

Mgr Pavy reconnaît lui-même Agarithe et Anna comme les inspiratrices du Pèlerinage. — Il a été le bras choisi de Dieu pour l'exécution. — Sa résolution d'élever la Basilique. — Commission d'exécution nommée par lui. — Nom de Notre-Dame d'Afrique. — La Chapelle provisoire. — Nouveau concours de pèlerins. — Appel public adressé par Mgr Pavy à tous les catholiques. — Analyse et extraits de cet éloquent écrit. — Mgr Pavy se fait quêteur en France et en Algérie. — Résultat de ces quêtes. — Plan de la Basilique. — Son architecte. — Rapidité de la marche des travaux. — Bénédiction solennelle de la grande croix placée sur la coupole. — Dernière maladie de Mgr Pavy. — Ses dernières paroles à ses prêtres, au sujet du pèlerinage. — Ses dernières pensées pour Notre-Dame d'Afrique. — Son testament. — Sa sépulture dans la Basilique, aux pieds de Notre-Dame d'Afrique.

Mgr Pavy est le bras dont s'est servie la Très Sainte Vierge pour élever la basilique de son pèlerinage, et, par conséquent, pour donner à celui-ci sa forme actuelle. Mais ce que nous allons en dire, dans ce chapitre, ne contredit point ce que nous avons écrit, au chapitre précédent. Ce vénérable Prélat était le premier à reconnaître que l'inspiration de la création du pèlerinage lui venait des humbles filles élevées, comme lui, à l'ombre de Fourvière, et qui eurent la mission de susciter, en Afrique, un centre de dévotion à Marie. Il ne fait aucune difficulté de déclarer, lorsque l'occasion s'en présente, qu' « *Agarithe est une sainte de premier ordre.* » Il raconte, par exemple, que, quand on commença les constructions de la chapelle provisoire, l'eau était absolument nécessaire et on en cherchait inutilement, depuis longtemps ; mais le puits se creusait toujours plus profondément et on ne la trouvait pas. On la rencontra, enfin, le jour de la fête de Notre-Dame des Neiges, comme Agarithe l'avait demandé à Marie et annoncé formellement aux entrepreneurs ; et il ajoute : « Nous devons cela aux prières angéliques de Mⁱˡᵉ Agarithe, devenue une sainte de premier ordre (1). »

Nous venons de voir, au chapitre précédent, comment, le jour de l'inauguration de la chapelle provisoire, il l'appela publiquement devant tous les pèlerins, pour qu'elle communiât la première, reconnaissant ainsi son initiative dans la fondation du pèlerinage.

----

(1) *Vie de Mgr Pavy*, p. 48.

Mais, ceci dit pour rendre hommage à la vérité, il faut ajouter que jamais pensée ne fut accueillie avec plus d'enthousiasme et d'ardeur, que celle que l'humble servante de Marie avait, par une inspiration supérieure, comme elle n'a jamais cessé de le déclarer, communiquée à son Evêque.

On a vu comment Mgr Pavy avait d'abord autorisé la dévotion de Notre-Dame du Ravin, et comment il avait ensuite substitué à l'humble image placée dans le creux d'un olivier, la pauvre petite grotte en rocailles ; comment, le nombre des pélerins augmentant, il avait, toujours sur les instances d'Agarithe, décidé la construction d'une chapelle provisoire. Ecoutons-le maintenant raconter lui-même, huit ans après, comment, et à quelle occasion, sa résolution de créer le grand pèlerinage, avec sa basilique, devint inébranlable et se manifesta publiquement :

« La pensée d'ériger un sanctuaire de pèlerinage en l'honneur de Marie ne nous est point venue d'hier, dit-il ; elle n'a pas été proclamée sans avoir été mûrement réfléchie. Il y a bientôt huit ans qu'elle rayonna pour la première fois à nos yeux ; mais ce ne fut alors qu'une fugitive lueur, qui s'éteignit rapidement dans la préoccupation de nos affaires diocésaines. Quelques années plus tard, cette pensée vint nous retrouver et solliciter avec instance une place de choix dans notre esprit ; ce fut notre cœur qui la reçut, et, peu à peu, elle réussit à y jeter le germe du projet que vous connaissez maintenant. La prudence nous faisait encore un devoir d'en remettre l'exécution aux chances d'un lointain avenir ; cependant, à mesure que l'idée se creusait et faisait son chemin dans notre âme, nous découvrions de nouveaux motifs de rapprocher les temps, et de graves raisons d'opportunité s'offraient, pour ainsi dire, d'elles-mêmes à notre foi. Tel fut le progrès de ces convictions que, il y a quatre ans, elles s'étaient définitivement assises, et que, au jour de la proclamation solennelle de l'Immaculée Conception, nous n'hésitâmes pas à décider l'érection d'une chapelle de pèlerinage en l'honneur de Marie.

« Une fois cette résolution prise et publiée par Mandement épiscopal, notre premier soin fut d'établir une Commission permanente dont les lumières, l'influence et le dévouement nous vinssent en aide, et qui joignît aux efforts de notre parole la sainte activité du zèle, aussi bien que le contrôle persévérant de toutes nos opérations financières. Jamais appel ne fut accueilli avec un pareil entrain et avec une égale unanimité. Dès leur première réunion, les membres de la

Commission se mettent à l'œuvre, posent les bases de leur travail, en arrêtent les principales conditions ; et, de leurs nombreuses séances générales ou particulières, sortent le projet placé en tête de cet appel, une supplique au Saint-Père, un commencement de souscription, et, enfin, la construction d'une chapelle provisoire, qui permet d'attendre, sans une trop vive impatience, un sanctuaire définitif (1). »

Des objections nombreuses furent faites, il est vrai. On représentait que construire une église de pèlerinage dans un diocèse qui manquait de tout, et dont presque aucune paroisse n'avait d'église, était intervertir l'ordre des temps ; que l'Algérie était pauvre et ne pourrait contribuer à une telle œuvre que dans des proportions restreintes ; que le monde catholique serait indifférent. Mais l'Évêque d'Alger n'était pas homme à se rendre facilement devant les obstacles ; au contraire, comme le dit son historien, les obstacles augmentaient son courage, et sa foi vive le faisait triompher de tout. Dès la première heure, il annonça qu'il se chargeait seul de provoquer et de recueillir les offrandes nécessaires, et il

---

(1) Mgr Pavy, *Appel en faveur de Notre-Dame d'Afrique*, p. 53, 54, 55.

commença par souscrire personnellement pour une somme de dix mille francs, renouvelée bien souvent dans la suite. C'est ainsi qu'il entraîna la Commission, nommée par lui et composée des personnages les plus considérables de l'ordre ecclésiastique et de l'ordre administratif de la ville d'Alger (1).

---

(1) Mgr Pavy. *Appel*, p. 58.

La Commission était composée comme il suit :
MM.

HAULDRY DE SOULCY, inspecteur des finances, *président* ;

SUCHET, Vicaire général, *vice-président* ;

LAMY, Chanoine, Vicaire général, *trésorier* ;

JOURNÈS, avocat, *secrétaire* ;

BERNADOU, Chanoine archip., Vicaire général ;

BANVOY, Chanoine ;

LEMAUFF, Chanoine honoraire, curé de Notre-Dame des Victoires ;

DUPOIZAT, Chanoine honoraire, directeur du Petit Séminaire ;

BÉQUET, Conseiller du Gouvernement ;

DE ZUGASTY, Consul d'Espagne ;

HAINS, inspecteur des douanes ;

GASSON, inspecteur des contributions ;

MELCION-D'ARC, adjoint au maire d'Alger ;

CLOTTES, payeur ;

SAUZAY, Chef de bataillon du Génie ;

SALAO, négociant.

MM. HAULDRY DE SOULCY, HAINS et SAUZAY, ayant quitté Alger, restent, le premier président honoraire, les deux derniers membres honoraires. Ils ont été remplacés titulairement par MM. PIERREY, avocat général ; RENOUX, lieutenant-colonel du Génie ; DE SERRY, ingénieur en chef des ponts et chaussées.

M. BÉQUET a été nommé président.

« Mais les objections ainsi résolues et le principe admis, il fallait, comme le dit Mgr Pavy lui-
même, arrêter le vocable sous lequel on désigne-
rait le Pèlerinage à la vénération publique. Celui
de l'Immaculée Conception s'était présenté
d'abord à la pensée ; celui de Notre-Dame d'Espérance avait prévalu, quelques jours. Le premier répondait à la proclamation du glorieux
privilège de Marie; le second, aux besoins religieux de l'avenir ; mais ni l'un ni l'autre n'étaient
un écho du passé, ni la complète manifestation du
présent. Il fallait un terme plus propre au pays,
et qui, dans l'impossibilité de résumer tous les
intérêts engagés, n'en exclût du moins aucun. Il
parut naturel de choisir un titre plus simple,
qui, dans sa généralité, aurait pourtant un cachet particulier de distinction, celui de Notre-
Dame d'Afrique. Prononcé pour la première fois
dans la langue du peuple vainqueur de la Barbarie, ce vocable avait, depuis le premier quart
du XV⁰ siècle, au moins, son précédent religieux,
dans l'église de Ceuta, consacrée sous le titre
de *Nuestra Senora de Africa*. Cette église, à peine
connue des Espagnols qui habitent les environs
de Cadix, n'est pas un lieu de pèlerinage. Il n'est
donc pas à craindre qu'il y ait jamais confusion
dans l'esprit des fidèles ; lorsqu'ils entendront
parler de Notre-Dame d'Afrique, ce n'est pas

vers l'église de Ceuta que se portera leur pensée ; c'est vers la chapelle monumentale que nous allons ériger (1). »

« L'âme ardente de Mgr Pavy, ajoute ici son historien, ne supportait pas les retards. Une fois fixée dans son esprit ou plutôt dans son cœur, l'idée du sanctuaire renversa les obstacles, si grands qu'ils fussent, et se traduisit promptement en actes. Il acquit du sieur Cougot un terrain, situé sur le contre-fort du Boudjaréah, entre Alger et Saint-Eugène. Le prix d'achat était excessif ; mais nul emplacement ne pouvait être mieux choisi : proximité de la ville, facilité d'abord, végétation magnifique, vue incomparable sur le golfe, couronnement majestueux de la montagne, rien ne manquait à ce site pour en faire l'un des plus beaux pèlerinages du monde. Voici comment Mgr Pavy en parle lui-même :

« La colline semi-circulaire et tournée au nord-ouest forme un promontoire qui la dégage entièrement, à son sommet, du gigantesque massif dont il est le contre-fort le plus avancé. En face et à gauche, la mer, constamment sillonnée de blanches voiles ou labourée par les bateaux à vapeur, s'étend sans limites, tandis qu'à droite,

____

(1) Pavy, *Appel*, p. 68.

elle décrit mollement les plus gracieux contours au pied du rocher de Géronimo, du faubourg Bab-el-Oued, du phare de la ville d'Alger, du faubourg Bab-Azoun, de la baie de Mustapha, de la Maison-Carrée, du Fort-de-l'Eau, du cap Matifou, de la côte de Dellys, et fuit vers celle de Bougie. Par delà les flots, par delà ces groupes immenses des habitations de la ville et cette foule de fraîches maisons qui éclatent au loin sur les rivages, la Mitidja déroule une partie de sa longue plaine déjà couverte de villages, de hameaux, de moissons, immense tableau qu'encadrent, d'un côté, la mer, et, de l'autre, les premières côtes de l'Atlas (1). »

Nos lecteurs savent déjà, qu'à un autre point de vue, l'emplacement répondait, à travers les siècles, au miracle accompli par la bonté de Marie en faveur d'une mère esclave et de ses enfants. On l'ignorait alors; et, lorsque plus tard on l'apprit, tout le monde y vit une nouvelle marque de l'inspiration qui guidait les fondateurs du pèlerinage.

La petite chapelle provisoire avait été construite rapidement.

« On ouvrit les fondations ,le 2 juillet 1857, et

______

(1) *Vie de Mgr Pavy*, p. 56.

tout fut terminé, au milieu de septembre de la même année. C'est, le 20 septembre, que Mgr bé nit, comme on l'a vu au chapitre précédent, le petit sanctuaire et, ce jour-là même, qu'il y installa avec une incomparable joie la *Vierge fidèle*, cette statue des enfants de Marie de Lyon, qui venait, enfin, après une attente, pour ne pas dire un exil, de dix-sept ans, prendre possession du trône que le ciel lui réservait. La retraite ecclésiastique avait eu lieu, les jours précédents. Aussi, les prêtres des trois provinces prirent part à la fête et en furent l'ornement. Ils étaient au nombre de cent dix, autour de leur Evêque. « Jamais sans doute, dit le procès-verbal de la commission, depuis les conciles de Carthage, plus nombreuse assemblée d'ecclésiastiques ne s'était vue sur ce vieux sol chrétien. »

« Une fois la chapelle provisoire bâtie, la foule s'y précipita ; Français, Espagnols, Italiens, Maltais, civils et militaires y accoururent, attirés par un attrait tout divin. Les pèlerins n'y venaient pas les mains vides, ils apportaient avec le cœur les dons de la piété (1). »

C'est alors que Mgr Pavy songea à tenir la parole qu'il avait donnée et à provoquer partout

______

(1) *Vie de Mgr Pavy*, p. 92 et 93.

les offrandes. Durant huit années, il se fît sans relâche le quêteur de Notre-Dame d'Afrique. Rien ne lui coûta pour assurer le succès de son entreprise : lettres, brochures, mandements, discours.

Pour bien connaître toute la pensée de ce Prélat, les motifs qui ont déterminé son âme ardente et qui justifiaient, à ses yeux, les inspirations des deux pieuses filles qui lui parlaient au nom de Marie, il faut lire, en particulier, l'*Appel* qu'il adressait au monde catholique, en faveur de Notre-Dame d'Afrique. C'est comme son chant de combat. Nous voudrions pouvoir le citer tout entier; car nulle part il ne serait mieux à sa place, mais son étendue nous en empêche. Nous en citerons, du moins, les principaux passages et ceux qui se rapportent le plus directement au but de cette Notice :

« Appeler, dit-il, tous les fidèles aux pieds de Marie, leur inspirer la plus profonde vénération pour la Mère de Dieu et la plus tendre confiance en la Mère des hommes, telle a été la constante préoccupation de l'Eglise. Telle fut aussi, telle est encore la correspondance des peuples chrétiens à des vœux si légitimes que, partout et toujours, le nom de la Très Sainte Vierge est entré, après celui de Jésus, dans les témoignages de leur foi et de leur espérance. On n'élève pas un temple en l'honneur du Fils, sans y réserver une chapelle à la Mère, et d'innombrables basiliques ont été placées et se placent, tous les jours, sous son vocable.

« Mais, en dehors des églises paroissiales, un instinct de piété a choisi, loin du bruit, loin de l'habitation des hommes et le plus souvent au sommet des montagnes, des lieux écartés, pour y dresser des sanctuaires entièrement consacrés à sa gloire. Là, se sont formés des centres de lointains pèlerinages.

« Quelle est la raison de cette conduite partout et toujours la même, si ce n'est d'affirmer, avec plus d'éclat, un religieux dévouement envers Marie, de rendre, en l'élevant le plus haut possible sous le ciel, son visage visible à tous les regards, son souvenir présent à tous les esprits, et afin d'aller se recueillir plus profondément dans son invocation ? De ces pèlerinages innombrables, vous connaissez les plus célèbles.

« Plaçons à la tête de tous, celui de Notre-Dame de Lorette, en Italie ; en Espagne, Notre-Dame du Pilier, Notre-Dame d'Atocha, Notre-Dame du Mont-Serrat ; en France, Notre-Dame de la Garde, Notre-Dame du Laus, Notre-Dame du Puy, Notre-Dame de Fourvière, Notre-Dame de Liesse, Notre-Dame de Bon-Secours, Notre-Dame de Chartres (1) ; en Allemagne, Mariazell ; en Suisse, Notre-Dame des Ermites ; en Portugal, Notre-Dame de Grâce, Notre-Dame de Lumière, sont autant de sanctuaires fréquentés par des foules innombrables, et l'antiquité de leur fondation ne fait qu'ajouter un prestige de plus à la vénération qui les entoure.

« L'expérience l'atteste : les pèlerinages, quand ils se font avec un véritable esprit de foi, réveillent la piété, brisent la routine et créent une pieuse diversion, qui retrempe l'âme, si prompte à s'affaisser sur elle-même. On prie mieux et avec plus de suavité; le cœur se dilate plus naturellement; les larmes coulent plus vite; on se sent plus tôt consolé et fortifié dans ces silencieuses chapelles, auxquelles on arrive, non sans fatigue, et dont on vient, à certaines heures, goûter le recueillement et la solitude. On dirait que Dieu y est plus près de nous, sans doute parce que nous nous y tenons plus près de lui. »

Et après avoir rappelé le pèlerinage de Four-vière qui est le grand pèlerinage de Lyon, sa ville natale, les miracles qui s'y accomplissent, le vénérable Prélat ajoute :

---

(1) La Sainte Vierge n'avait pas encore daigné apparaître à Lourdes.

« Nous le savons, de prétendus sages demandent si les pèlerinages ont une raison d'être, et comment il se peut que la prière, venant du cœur, soit plus puissante en un lieu qu'en un autre ? Nous leur répondrons d'abord : que les pèlerinages aient une raison d'être, il le faut bien, puisqu'ils ont existé de tous temps : le temple de Jérusalem n'était-il pas un lieu de pèlerinage ? Si Dieu est le maître de l'espace, comme il est le maître du temps, pourquoi ne se réserverait-il pas certains lieux, comme il s'est réservé certains jours, pour les rendre saints et sacrés, pour en faire le *lieu* particulier *de son habitation et de sa gloire* ? Pourquoi l'Eglise ne déterminerait-elle pas également les uns et les autres, elle qui est l'interprète de ses desseins ?

« C'est précisément là que se trouve la vertu des pèlerinages, parce que le cœur s'y porte avec plus de ferveur. Nous ajouterons que l'instinct des peuples catholiques, lorsqu'il est autorisé et encouragé par l'Église, a plus de valeur, à nos yeux, que le meilleur raisonnement; que les faits viennent, tous les jours, à l'appui de la dévotion que nous préconisons ; que la naïve joie des enfants, que le recueillement des mères, que la guérison des malades, que la consolation des affligés, que la conversion des pécheurs, que la préservation d'une multitude de maux, que la délivrance au milieu des dangers, que les *ex-voto*, qui attestent la reconnaissance des foules, sont d'assez beaux témoignages pour que des hommes graves s'abstiennent d'en discuter la convenance.

« A moins de rompre avec cet instinct de la piété catholique, ne faut-il donc pas songer à lui donner une satisfaction, en Algérie ? Ne convient-il pas de joindre une rive de la Méditerranée à l'autre, par la dévotion à la Mère de Dieu et des hommes ? En regard du pèlerinage de Notre-Dame de la Garde, ne faut-il pas dresser un pèlerinage à Notre-Dame d'Afrique ? C'est nous mettre en communication plus intime avec la tradition du monde entier ; c'est établir un lien de plus entre notre jeune Eglise et l'ancienne et toujours jeune Eglise de la Métropole ; c'est étendre à l'Algérie le vœu de Louis XIII, qui a choisi Marie pour patronne de la France. De même qu'avec la France nous célébrons l'Assomption de Marie, ne devons-nous pas, comme la France, dresser notre pèlerinage à Marie ?

« Mais sortons de ces généralités ; car nous avons à dire des choses, sinon plus rigoureusement logiques, au moins plus particulières et plus propres à saisir les esprits.

« Ce n'est pas que déjà, plus d'une fois, nous ne les ayons exposées ; mais nous croyons devoir les reproduire pour ceux de nos diocésains auxquels n'est point encore arrivée notre parole, et pour ceux qui, en France en Europe et ailleurs, ont le sentiment des nobles desseins et leur prêtent volontiers leur généreux concours. Cet appel, en effet, s'adresse non seulement à l'Algérie, mais à toutes les âmes chrétiennes, à toutes celles qu'émeut le souvenir d'immenses bienfaits, à toutes celles qui comprennent le miracle de la renaissance du Christianisme en Afrique, à toutes celles, enfin, qui, dans le monde catholique, ont, comme nous, foi dans son avenir. »

Après cet éloquent préambule, Mgr Pavy expose les motifs de l'érection, auprès d'Alger, d'une chapelle de Pèlerinage en l'honneur de la Très Sainte Vierge :

« En dehors des motifs ordinaires de la foi qui a consacré tant de monuments à Marie, serait-il impossible d'en découvrir de spéciaux à l'Algérie et qui offrent en même temps un intérêt pour ainsi dire universel ? Un coup d'œil sur son histoire, sur son état présent et sur son avenir, fournira la réponse à cette question. Dans notre conviction, le passé de l'Afrique demande un trophée de reconnaissance envers Marie; le présent exige une haute manifestation de foi par l'exaltation de sa gloire; l'avenir appelle un gage de plus de religieuse confiance en elle; un sanctuaire de pèlerinage, établi sous son nom sacré, donnera satisfaction à ce triple besoin. »

Pour le passé, l'Evêque d'Alger parle des traditions de l'Eglise d'Afrique primitive, et des temps douloureux de l'esclavage, dans le même ordre d'idées où nous l'avons fait nous-mêmes, dans la première partie de cette Notice.

Après avoir longuement décrit les travaux héroïques des Ordres religieux qui se vouaient à la délivrance des esclaves, il montre la part que la Très Sainte Vierge a eue dans ces inspirations surnaturelles de charité :

« On nous demandera comment ces choses admirables remontent jusqu'à Marie et peuvent servir à l'édifice que nous projetons en son honneur ? Ouvrez l'histoire de ces belles fondations, et vous y verrez rayonner de tout son éclat l'intervention directe et progressive de Marie.

« Deux Français, Saint Jean de Matha, gentilhomme provençal, et Saint Félix de Valois, prince de la famille royale, associent, les premiers, leurs efforts, pour tenter l'affranchissement des esclaves chrétiens de la Barbarie.

D'où leur vient cette généreuse pensée ? D'un profond mouvement de foi et de charité, sans doute ; mais encore, l'histoire en fait foi, de la surnaturelle intervention de Marie.

« L'an 1127, la comtesse Eléonore de Valois, étant enceinte de celui qui fut plus tard Saint Félix de Valois, s'était endormie de fatigue, au pied de l'église de Saint Hugues de Rouen, dont les restes précieux reposaient à Happe, dans le Cambrésis, elle vit en songe l'auguste Marie tenant dans ses bras l'Enfant Jésus, qui caressait un autre enfant et échangeait avec lui une petite croix contre un bouquet de fleurs de lis. Saint Hugues lui apparut, un instant après, et lui donna l'explication de ce songe : Eléonore mettrait au monde un fils qui foulerait aux pieds le faste de la naissance, et s'attacherait uniquement à l'humilité et au triomphe de la Croix (1).

« Trente-trois ans plus tard, en l'an 1160, dans un petit village de la Provence (2), une noble femme, Marthe de Matha, étant enceinte de Jean, aperçut la Sainte Vierge s'avançant vers elle dans toute la splendeur de sa gloire, et Marie lui dit : « Marthe, ayez confiance ; l'enfant que vous mettrez au monde sera un grand saint, le Ré-

---

(1) *Vie de Saint Jean de Matha*, par Prat.
(2) Faucon.

dempteur des esclaves chrétiens et le père d'une nombreuse famille qui, perpétuant son œuvre, sauvera un grand nombre d'âmes. » Jean et Félix furent, dès la plus tendre enfance, voués par leurs pieuses mères à la Reine du Ciel. On dit même que Félix lui fut présenté dans une vision par Saint Bernard, son plus dévot serviteur et grand promoteur de l'affranchissement des esclaves (1).

« Une seule Congrégation ne pouvait suffire à la tâche immense de la rédemption des captifs. On dirait que Marie ait voulu se réserver plus spécialement la seconde : ce fut elle-même qui en fut la fondatrice. En 1218, elle apparut d'abord à Saint Pierre Nolasque. Elle se montra de même à Saint Raymond de Peñafort et à Jacques, roi d'Aragon, leur demandant d'établir un nouvel Ordre pour le rachat des esclaves; de là, le nom de Notre-Dame de la Merci. Ce fut elle encore qui soutint, par de fréquentes apparitions, le dévouement de Pierre. Inutile de dire qu'avec une telle origine, la dévotion à Marie était l'âme de la nouvelle Association. Toute la sève du zèle partait de cette forte et douce racine ; si les œuvres des religieux de la Merci ont rendu leur mémoire impérissable, c'est là qu'il en faut chercher la véritable cause.

____

(1) *Vie de Saint Jean de Matha*, par Prat.

« Notre siècle affecte de peu croire aux apparitions de la nature de celles qui ont amené la fondation des Ordres de la Trinité et de la Merci. Pour nous, on nous permettra de nous en rapporter aux Saints eux-mêmes sur ce qui les regarde, Dieu parlant à leur cœur un langage et y formant des certitudes qu'aucun n'a le droit de démentir. Nous croyons au miracle des apparitions extérieures, toutes les fois que leur authenticité nous est démontrée par des témoignages dont la valeur, s'il s'agissait d'un fait de l'ordre naturel, ne serait pas douteuse pour les esprits sensés. »

Ici, Mgr Pavy passe en revue les glorieux travaux des Rédempteurs d'esclaves, travaux auxquels mit fin seulement l'abolition de l'esclavage par les mains de la France, et il ajoute :

« Eh bien ! voilà le souvenir d'un service rendu à l'humanité, et de l'un des plus éclatants qu'elle ait jamais reçus ; et ce souvenir se rattache immédiatement au nom de Marie, et ce service est dû à la maternelle inspiration de Marie. Que tout ce qui est chrétien, que tout ce qui a un cœur d'homme s'unisse donc à nous, pour élever ici même, à deux pas des bagnes écroulés, un trophée digne de l'insigne Bienfaitrice de nos pères. Que les populations maritimes surtout, Français des bords de l'Océan et de la Méditerranée, Espagnols du continent et des Baléares, Sardes, Piémontais, Génois, Toscans, Romains, Napolitains, Siciliens, Maltais, se souviennent des terreurs et des pleurs de leurs ancêtres ; qu'ils rapportent à Marie la grâce de l'affranchissement d'un grand nombre et du soulagement de tous ceux qui gémirent jusqu'à la fin dans les bagnes, adoucis par sa pieuse dévotion, et qu'ils jettent au pied de son nouvel autel le denier de leur gratitude. »

L'éloquent prélat rappelle ensuite comment l'Algérie fut rendue à la liberté chrétienne, et quelle protection Dieu et Marie accordèrent à nos armes. On le reconnut dès l'origine :

« L'un des premiers soins de la religion en Algérie, ajoute Mgr Pavy, fut de constater la reconnaissance de tous par le titre de Notre-Dame des Victoires, donné à une vieille mosquée, convertie provisoirement en église. Mais, qu'est cela pour un pareil bienfait ? En quoi reluit la grandeur de la France, sur cette pauvre demeure insuffisante, même aux besoins d'un centre paroissial ? En quoi surtout la reconnaissance de la chrétienté vengée de tant d'outrages, affranchie de tant de périls, de tant d'avanies sanglantes ou dérisoires, s'y montre-t-elle en caractères dignes d'une telle faveur ?

« En des temps moins orageux, la France n'eût pas manqué de dresser à la mémoire de sa conquête un splendide monument ; mais les révolutions, en changeant trois fois, en un quart de siècle, la forme du Pouvoir, y ont mis obstacle. Devons-nous en éprouver quelque regret ? Nous ne le pensons pas. Ce que la politique n'a pu faire, la religion se charge de l'essayer. La religion, elle, n'a point à craindre d'éveiller les rivalités étrangères ; elle ne fait pas ici œuvre de personnes ou même de patriotisme local, elle se place plus haut, elle se met à la tête des devoirs de la chrétienté. Sans doute, elle ne saurait oublier les hommes qui, depuis vingt-sept ans, ont été, aux mains de Dieu, les instruments de la conquête ; mais elle remonte droit à Celui qui *seul est maître de la victoire* (1), et, après Dieu, elle remercie avec effusion Celle qu'à bon droit elle en regarde comme l'intermédiaire. Elle dit à tous :

« Venez avec moi, dressons à la gloire de Dieu et à l'honneur de Marie un monument qui nous relève d'une apparence d'ingratitude et d'oubli,

______

(1) Aux Écritures, c'est toujours Dieu qui donne la victoire.

comme la conquête nous a relevés d'une dé-
chéance sans exemple et sans nom. Venez donc
tous, Chrétiens de tous les pays, de toutes les
nations de l'Europe, affranchie désormais de la
piraterie et de l'esclavage; venez et dressez de
vos mains ce trophée de gratitude, ou plutôt lais-
sez-nous aller à vous pour solliciter le concours
de votre obole. Autrefois, les ambassadeurs de
la charité parcouraient, en mendiant l'or nécessaire au rachat des captifs, les villes et les villages de la chrétienté ; c'est aujourd'hui l'ambassadeur de la reconnaissance chrétienne qui vient
frapper à la porte de vos cœurs et qui vous demande une obole pour ériger un monument digne
des bienfaits qu'elle constate. »

Telles sont les raisons que le Prélat trouve
dans le passé, pour justifier la pensée d'un sanctuaire de pèlerinage élevé à Marie. Il n'en trouve
pas de moins pressantes dans le présent. Il écrivait peu après la proclamation du dogme de
l'Immaculée Conception. Il prend occasion de ce
que les fidèles faisaient, dans tous les vieux pays
chrétiens, pour exciter l'Algérie à marcher sur
leurs traces :

« L'univers catholique, dit-il, est encore et demeurera longtemps sous l'impression causée par

la proclamation du dogme de la Conception Immaculée de Marie. Jamais, dans la durée de l'Eglise, mouvement pieux ne remua la dévotion des fidèles avec une telle promptitude, à de telles distances et d'un pareil enthousiasme.

« Là où des monuments existaient en l'honneur de Marie conçue sans péché, le zèle les restaure ou les embellit. La générosité des fidèles en érige, là où il n'en existait pas encore. Rome et Marseille inauguraient, le même jour, il y a cinq ans, d'admirables trophées à sa gloire ; Boulogne et le Laus couronnaient leurs Madones; les villes catholiques de l'Allemagne dressaient leurs colonnes commémoratives ; Le Puy achevait sa statue colossale avec les dons de la France et le bronze de Sébastopol ; Toulouse prépare son monument de triomphe, et, de tous côtés, des églises nouvelles se construisent sous le titre de l'Immaculée Conception.

« L'Algérie voudrait-elle se soustraire à ce mouvement général du catholicisme, elle qui doit à Marie sa renaissance ; elle qui trouve vivante encore la croyance à ce dogme si touchant, dans les écrits de ses premiers docteurs et dans le Koran lui-même, dont le texte suivant décorait le chœur de la mosquée, devenue aujourd'hui l'église cathédrale : « Dieu t'a choisie, il t'a exemptée de toute souillure, il t'a élue parmi

toutes les femmes (1) » ? Avons-nous besoin de
le dire ? Un monument érigé dans ce but de communion universelle à la croyance de l'Immaculée
Conception aurait, chez nous, une portée sinon
plus élevée, au moins plus expressive ; et, par là
même, ce monument est plus nécessaire ici que
partout ailleurs.

« Nous empruntons aux besoins du présent de
l'Algérie un autre motif en faveur de notre œuvre : c'est la nécessité d'établir un centre d'unité
et de fraternité, dans un pays composé d'élé-
ments si divers. Arrivés de tous les points de la
France et de l'Europe, étrangers les uns aux autres, distingués déjà, sinon séparés, par dépar-
tements et par provinces, les uns soldats, les autres civils, tous plus ou moins mêlés aux Indigènes, sans racine dans le pays, et la plupart
dominés par l'idée du retour au foyer qui les vit
naître, les habitants de l'Algérie ne forment pas
encore une famille. On est voisin, on n'est pas
ami ; on est juxtaposé, on n'est pas uni. Les intérêts se choquent; les ambitions se coudoient ;
les alliances et les destinées se nouent au dehors. Et cependant, on ne peut s'unir par le
cœur que dans une pensée commune, que dans
un intérêt commun, que dans une espérance
commune. Pour rendre notre union sensible et

____

(1) *Kor.* C. 3. V. 39.

durable, il faut une manifestation qui réponde à cette pensée, qui rappelle cet intérêt, qui soutienne et féconde cette espérance. Or, rien n'est populaire au même degré que le nom de Marie, et, par là même, rien n'est plus propre à servir de trait-d'union entre nous.

« C'est là, n'en doutons pas, le sort de notre future chapelle du pèlerinage. Elle sera le centre religieux, l'arche d'alliance de la piété algérienne. Vous y verrez agenouillés les petits et les grands, le soldat et le marin, le Français, l'Espagnol, le Maltais, l'Allemand, l'Italien, coudoyés de temps en temps par l'Indigène. Oh ! comme il fera bon y prier tous ensemble pour la prospérité de la France et de l'Afrique, pour la gloire de nos armes, pour la durée de la paix, pour la fécondité de vos champs, et pour celle de l'industrie et du commerce, pour la santé de vos familles, des voyageurs, de ceux, en particulier, que la mer porterait sur ses flots dans les jours de tempêtes, pour la conversion des pêcheurs et la persévérance des justes, pour le triomphe de l'Eglise, en un mot, pour obtenir ces dons merveilleux qui sont en même temps la sève et le fruit de l'unité. Nul doute que Celui qui a promis sa grâce à la prière, faite par deux ou trois, n'en dépose aux mains de Marie la surabondance en faveur de la prière de tous. »

Enfin, les regards de l'Évêque d'Alger se portent sur les musulmans qui l'entourent. Il fait allusion aux difficultés qui s'opposent à l'apostolat catholique et, en particulier, aux méfiances ombrageuses du pouvoir; mais, ajoute-t-il :

« Il est un prosélytisme qui ne compromet aucun intérêt et qui, par là même, ne doit jamais cesser ; c'est le prosélytisme de la prière, ajoutons : de la prière à Marie. L'Eglise l'appelle avec raison la Reine des apôtres ; elle lui attribue l'honneur d'*avoir vaincu toutes les hérésies* (1) ; oh ! pourquoi n'irions-nous pas demander, à son nouveau sanctuaire, la grâce que l'univers catholique appelle de tant de vœux ? La conversion des Indigènes est, dans toute la chrétienté, l'objet des plus ardentes prières ; personne, même parmi les politiques et les mondains, qui ne dise : Quand donc les Arabes se feront-ils chrétiens ? Une voix intérieure se fait entendre à notre âme, et elle nous dit que les signes des temps se multiplient et se rapprochent. La stérilité de nos efforts ne nous a jamais découragé. Non, les supplications dont nous remplirons constamment la sainte chapelle de Marie, ne resteront pas toujours sans résultats.

(1) *Bréviaire Romain*, In Festis B. V. M., 1ª Ant. 3º Nocturne.

A nos vœux se joindront, par une sainte confraternité de zèle, les vœux de l'univers catholique, ceux de l'épiscopat, du sacerdoce, des communautés, des âmes ferventes, de tous les membres de la Propagation de la foi, de tous les saints d'Afrique, de tous les élus de la gloire et ceux de Marie elle-même. Si nous ne prenons pas des illusions pour de légitimes espérances, nous osons vous le prédire : Viendra, viendra bientôt un jour où Celle que les musulmans vénèrent comme la mère d'un grand prophète, leur ouvrira les yeux sur la divinité de son Fils, et qu'ils honoreront en elle, avec nous, la Mère de Dieu et des hommes. C'est la seule vengeance que nous réclamons de tant d'or extorqué, de tant de crimes sur la terre et sur les flots, de tant d'opprobres, de tant de persécutions, de tant de siècles d'esclavage et de tant de sang versé en haine du nom chrétien. Nous sommes assuré que nos confesseurs des bagnes, que nos nombreux martyrs africains, ne désavoueront pas ces évangéliques représailles, et que Marie, leur consolatrice dans la douleur, y applaudira comme une reine qui tend les bras au repentir et demande grâce pour lui.

« Tels sont les motifs de notre détermination ; telles sont les raisons de notre Appel. Que chacun les pèse dans sa dignité d'homme, dans sa reconnaissance et dans sa foi de chrétien; et la cause que nous plaidons sera bientôt gagnée. Au lieu des milliards qu'a coutés le rachat des esclaves, nous demandons à peine quelques cent mille francs pour honorer leur Libératrice ; au lieu d'énormes présents que payaient les nations chrétiennes à des forbans, objet d'épouvante, nous demandons à chacune d'elles une obole en l'honneur de Celle qui est *la cause de notre joie*. Ou nous nous trompons fort, ou les futiles objections qui partent de la timidité, de la cupidité, de l'esprit particulier, de l'antipathie naturelle à certaines natures contre toute institution qui commence et surtout contre ce qui commence sans elles, et, enfin, celles de la charité aveugle qui, dans la religion, ne voit que les pauvres et ne songe point à l'honneur de Dieu, quand les pauvres eux-mêmes sont les premiers à s'associer, par un intérêt bien entendu, aux entreprises du zèle ; toutes ces objections, disons-nous, tombent d'elles-mêmes devant la grandeur et la sublimité du programme que viennent de nous fournir le passé, le présent et l'avenir de l'Afrique française. »

C'est ainsi que Mgr Pavy s'adressait aux chrétiens du monde entier, et particulièrement à ceux de la France et de l'Algérie. Ses paroles devraient être entendues.

Mais, des paroles ne suffisaient pas au zèle de Mgr Pavy. Il n'hésita pas à prendre, à plusieurs reprises, le bâton du pèlerin pour son œuvre.

Toutes les paroisses de l'Algérie le virent successivement solliciter leur obole. La plupart des diocèse de France le reçurent, dans les chaires de leurs églises, et l'entendirent exposer, avec son éloquence enflammée, le projet qu'il avait conçu de mettre l'Afrique sous la protection de Marie, et de Lui élever un temple digne d'Elle. Il serait trop long de reprendre, un à un, les récits de tant de travaux et de tant de scènes touchantes et gracieuses qui se renouvelaient partout sur les pas de l'Evêque-Apôtre. Qu'il nous suffise de rapporter ce que son historien dit, au deuxième volume de sa Vie, d'une tournée faite par lui dans une partie du midi de la France, à propos d'une prédication, le 16 mars 1863, à Cannes, où se trouvaient alors comme toujours, pendant l'hiver, des personnages considérables, et en particulier un philosophe bien connu, M. Cousin. Voici ce qu'en écrivait un témoin oculaire (1) :

« Je vois encore cette physionomie pleine de douceur et de fermeté tout ensemble ; j'aperçois ce regard où brillait tant d'intelligence ; j'entends encore cette voix émue, qui nous parlait

____

(1) L'abbé Binet, prêtre de l'Oratoire.

avec tant de chaleur de la Vierge Immaculée et des bienfaits qu'elle répand sur le monde... Nous étions tous suspendus aux lèvres de l'apôtre. Le silence le plus profond et le plus sympathique régnait dans l'assemblée, et je sais que les protestants, qui se trouvaient là, furent émus jusqu'aux larmes.

« Descendu de chaire, Mgr Pavy fit la quête, accompagné par M. le curé de la ville, l'abbé Gabriel, aujourd'hui curé d'Hyères. Tout le monde était ému et donna largement, et les protestants, ce jour-là, se montrèrent généreux comme les plus fervents catholiques.

« L'une de nos célébrités contemporaines, M. Victor Cousin, assistait au sermon, et, certes, il ne fut pas le moins attentif. Quand Mgr Pavy s'approcha de l'illustre philosophe, qui avait pris place dans le banc d'œuvre, tout en face de la chaire, il se leva, serra affectueusement la main que Sa Grandeur lui présentait et la félicita des grandes et belles choses qu'elle venait de dire, à la manière de Bossuet. Victor Cousin était ému. On le voyait au son de sa voix ; car il parla assez haut pour être entendu de presque tout l'auditoire. »

Mgr Pavy revint par Grasse et Fréjus, qu'il évangélisa sur son chemin, se reposa les 19 et 20 mars, à Marseille.

« Mgr Plantier, évêque de Nîmes, son ancien collègue à la Faculté de théologie de Lyon et son vieil ami, l'attendait. L'évêque d'Alger fut auprès de lui, le 22. Nous le voyons le 23, à Alais, le 24 à Uzès, le 26 et le 27, à Nîmes; puis, dans tout le Gard, enchantant le clergé et les populations par sa parole.

« Je ne sais si notre souvenir vous est encore présent, lui écrivait, le 20 avril, le curé de Saint-Etienne d'Uzès. Quant à nous, nous ne pourrions oublier votre passage au milieu de nos populations, où il a fait tant de bien et produit une impression si forte, si profonde ! En voici une preuve touchante :

« La femme d'un pauvre ouvrier est venue me trouver, en disant : « J'ai remis, l'autre soir, à « Mgr l'Evêque d'Alger, une pièce de monnaie, à « la quête ; mais, depuis, je ne suis pas contente : non, ce n'est pas assez, voici une pièce « en or. Ce n'est pas trop pour un si digne « évêque. »

« Je vous l'envoie. Puisse l'ange des mers la faire arriver jusqu'à vous ! C'est l'obole de la veuve.

« Ce trait nous rappelle celui d'une veuve juive de Sidi-bel-Abbès. C'était au mois de novembre 1859 ; Mgr Pavy venait de consacrer l'église et,

à la suite de la cérémonie, faisait faire à domi-
cile une quête pour Notre-Dame d'Afrique. Les
Sœurs Trinitaires, qui tiennent les écoles de cette
ville, en furent chargées. Dans leur tournée, elles
entrèrent chez une juive indigène, fort âgée et
très pauvre, comme chez tout le monde, pour
n'avoir pas l'air de la dédaigner. Cette femme se
montra excessivement heureuse de les voir.
« Ah ! chères Sœurs, que vous êtes bonnes ! »
s'écria-t-elle. Puis elle courut chercher, n'ayant
pas d'argent, un objet à leur donner et rapporta,
rayonnante de joie, un œuf qui était sa seule ri-
chesse : « Je n'ai que cet œuf, dit-elle aux religieuses, ne refusez pas de l'accepter ; j'ai trop
de plaisir à le donner à ce bon évêque pour sa
Dame d'Afrique (1). »

Les dons s'augmentaient ainsi, chaque jour.
« Ce ne sont pas des fleuves, écrivait Mgr Pavy,
mais ce sont des sources qui, réunies, forment
cependant un bassin qui n'est plus à dédaigner. »

Avec l'ardeur qui animait le prélat, il poussa
rapidement les travaux. L'architecte diocésain,
M. Fromageau, avait fait le plan de l'édifice.

---

(1) *Vie de Mgr Pavy*, tome 2e. p. 286 et suiv.

« Le style d'architecture qui convenait à la future chapelle, dit Mgr Pavy, ne pouvait être douteux ; c'est, au fond, le style byzantin, mais avec une ornementation appropriée aux circonstances du pays, du climat et du but particulier qu'on se propose. Le style byzantin est, pour ainsi dire, traditionnel en Afrique ; il a le mérite de renouer notre jeune Église à l'Église primitive ; il répond aux nécessités d'une contrée où les tremblements de terre menacent, plus qu'ailleurs, les constructions sveltes, les pointes aiguës et les flèches élancées, et il peut associer la solidité romane à la grâce mauresque. N'oublions pas d'ailleurs qu'il n'y a point eu, chez nous, de moyen âge en architecture. Le genre ogival n'y a donc jamais figuré qu'en de capricieuses arcatures d'intérieur et qu'en se décomposant suivant la fantaisie des artistes. Après diverses études proposées par différents auteurs, la Commission s'est arrêtée au projet qu'une heureuse et libre inspiration a fait naître sous le crayon de M. Fromageau, notre habile architecte diocésain. Soumis plus tard, à Paris même, à des juges d'une compétence irrécusable, ce plan a reçu leur complète approbation (1). »

____

(1) Mgr Pavy, *Appel*, p. 69.

Depuis 1855, date de la pose de la première pierre qui annonçait simplement l'édifice futur, on n'avait rien fait pour l'église définitive que recueillir les fonds nécessaires. Ce fut le 2 février 1858, que les fondations furent ouvertes.

« L'architecte Fromageau ayant tracé les fondations du monument définitif, dit encore l'historien de Mgr Pavy, le séminaire de Saint-Eugène ne voulut pas laisser aux manœuvres l'honneur de les ouvrir. Le *2 février 1858*, maîtres et élèves, l'Evêque en tête, se mirent à piocher. Ils célébrèrent ainsi la fête de la Purification de la Sainte Vierge, patronale de l'établissement. Le *25 mai suivant*, les fondations étaient terminées et la maçonnerie à fleur de sol. Mais le peuple chrétien d'Alger était impatient, il voulait plus ; il avait hâte de voir quelque chose sortir de terre. Cette satisfaction lui fut donnée ; de belles pierres de taille, tirées des carrières de Kouba, vinrent bientôt se ranger au-dessus de ces fondations et former les premières assises du temple : l'œuvre était en train.

« Mgr Pavy éprouvait toutes les joies d'une mère, qui voit son enfant commencer à marcher et à grandir. Toutes les pierres, qui montaient, apportaient une douce émotion à son âme. Remerciant un de ses amis de la collecte faite dans sa paroisse, il lui dit avec tout l'abandon que donne l'amitié : « Que ne peux-tu voir s'élever comme par enchantement notre magnifique sanctuaire ! Ses fondations sont plus qu'entièrement terminées : une première assise en pierres de taille est placée depuis un mois ; la seconde le sera vers la fin de la semaine prochaine ; la troisième et la quatrième, à la fin de l'année. Vraiment, c'est une grande chose, à en juger par les débuts. »

Les ressources ne manquèrent jamais pendant tout le temps de la construction. Aussi le travail marchait vite, et le *31 mai 1866*, le gros œuvre se trouvait terminé. Ce fut ce jour-là que la croix fut solennellement placée au sommet de la coupole et domina la ville d'Alger.

Ecoutons encore l'historien de Mgr Pavy :

« Quoique cet édifice ne reçût aucun subside de l'Etat, qu'il fût tout entier à la charge de Mgr Pavy et le fruit de ses sueurs, l'argent ne lui manqua jamais. A cette époque, Mlle Agarithe, seule, avait fourni soixante-quinze mille francs :« C'est la première et incomparable bienfaitrice de l'œuvre, écrivait le prélat. » La construction n'éprouva donc pas un instant d'arrêt. Aussi, tours, vaisseau, coupole, arrivaient à leur terme. Cependant le fondateur trouvait qu'on n'allait pas assez vite. Chaque jour, il se rendait sur le chantier pour stimuler les ouvriers ; du bout de son jardin et des fenêtres de son appartement, il épiait avec une ardeur fiévreuse la marche des travaux. Une cloche et une croix de Sébastopol, offertes par le maréchal Pélissier, étaient déjà placées, l'une dans l'intérieur, l'autre sur le faîte de la tour ; mais la croix principale, celle qui devait surmonter la coupole et couronner l'édifice, manquait encore. Sous l'impression de sa fin prochaine, le vénérable prélat avait hâte de la poser : « Je me presse, disait-il à son médecin, car je ne puis être sûr de l'achèvement de ce pèlerinage, dont la création a été inspirée par le ciel, qu'autant que je l'achèverai moi-même. Je tiens au moins à ce qu'il soit tellement avancé, quand je mourrai, qu'on ne puisse le laisser en chemin, ni y faire aucun changement. »

La grande croix dont il s'agit est un magnifique travail en fer forgé, haut de cinq mètres. A sa base jaillit une gerbe de lis surmontée d'une couronne royale ; la partie supérieure, comprenant les bras, étale un bouquet de roses à six pétales avec un gros bouton de cristal au fond de la corolle. Le nombre des lis est de douze, ce-

lui des roses, de vingt-huit. Elle est entièrement
dorée, à l'exception des cristaux, et toute à jour,
afin de ne pas donner prise aux vents. Ce bel
ouvrage était prêt enfin. Monseigneur fixa la cérémonie au jeudi 31 mai, jour de la Fête-Dieu
et clôture du mois de Marie, à six heures du soir.

« Dès trois heures, dit le *Courrier de l'Algérie*,
tout le faubourg de Bab-el-Oued était animé, et
la montagne, au sommet de laquelle se trouve la
chapelle, était peuplée de fidèles et de curieux.

« A quatre heures et demie, la procession, for-
mée derrière l'hôpital du Dey, se dirigeait à travers les méandres de la route vers Notre-Dame
d'Afrique. L'ensemble du coup d'œil était beau :
les bannières aux mille couleurs, flottant au-dessus de ces nombreuses têtes d'enfants, contras-
taient avec les longues rangées de prêtres, de Religieuses au costume sévère, avec les haies
d'hommes et de femmes, de tous les âges et de
tous les pays.

« Le monument étant encombré à l'intérieur et,
du reste, insuffisant pour contenir l'assistance
prévue, une chaire avait été dressée au dehors,
adossée à la porte latérale, du côté de l'Est, où
s'étend une vaste esplanade. C'est là, sur ce ter-
re-plein, que s'amoncela cette multitude, au fur
et à mesure que la procession la versait. Mgr Pa-

vy était placé en regard de la chaire ; autour de lui, se pressaient les membres du Chapitre, le clergé des paroisses, les congrégations de Frères et de Sœurs, les enfants de la première communion, que Sa Grandeur avait confirmés, le matin, à Notre-Dame des Victoires, les flots d'une immense population. Parmi les assistants, on remarquait à une place d'honneur Mme la maréchale de Mac-Mahon, le général de Laserre, le procureur impérial, le maire et son premier adjoint, le colonel commandant la place d'Alger, la Commission de Notre-Dame d'Afrique. Le P. Laurençot, supérieur des Jésuites, fit une solide allocution sur la mission de la France en Afrique, dont l'inauguration de la croix rappelait et constatait le sens. Monseigneur fit ensuite la bénédiction de ce glorieux instrument. Les engins ayant été préparés à l'avance, on le hissa immédiatement. Le ciel était magnifique. Quand la croix apparut debout sur la coupole, étendant aux rayons du soleil ses bras sur Alger et le pays d'alentour, ce furent des battements de mains, des chants d'allégresse, des cris enthousiastes, des larmes de bonheur. La foule, en se dispersant, se retourna bien des fois pour voir encore le signe du salut, couronnant enfin le monument, et rayonnant de toutes ses splendeurs, du haut de son trône aérien (1). »

_____

(1) *Vie de Mgr Pavy*, p. 439, 440, 441, 442.

Marie avait voulu donner à son zélé serviteur cette suprême consolation. Il ne devait pas voir, en effet, la fin de son œuvre.

Déjà, la santé de Mgr Pavy, profondément, ébranlée par le climat d'Afrique, semblait annoncer une fin prochaine. La maladie de foie dont il souffrait, depuis longtemps, s'était singulièrement aggravée par les fatigues de son dernier voyage en France. Il l'avait entrepris uniquement pour continuer ses quêtes ,et on peut dire, à la lettre, qu'il est mort martyr de son zèle pour Notre-Dame d'Afrique. Dès le commencement du mois de novembre, les signes avant-coureurs de la mort se produisirent. Avec la foi et le courage qui ne l'abandonnèrent jamais, il demanda lui-même les derniers Sacrements. Il voulut les recevoir, au milieu de ses prêtres et d'une foule de fidèles accourus pour obtenir une dernière fois les bénédictions de leur Pasteur et qui l'entouraient tout en larmes. Dans les courtes paroles qu'il leur adressa, ce fut encore Notre-Dame d'Afrique qui tint la place principale :

« Je confie à votre zèle l'Œuvre, dit-il, si chère de Notre-Dame d'Afrique, et j'éprouve une véritable satisfaction à penser que le dévouement éclairé de la Commission, dont j'aperçois ici les membres illustres, ne fera pas défaut à cette

jeune orpheline, à ce beau monument dû, comme vous le savez, à une mendicité féconde. Il y
a là une bonne fille, qui a recueilli des pièces
abondantes, pour la besace du mendiant de
Marie ; vous ne l'oublierez pas (1). »

Il ne se contenta pas de ces recommandations;
tout mourant qu'il était, il voulut dire un dernier
adieu à son Œuvre bien-aimée.

« Il eut, dit encore son historien, la force de
quitter son fauteuil, un instant après, et d'aller,
appuyé sur le bras de son frère, au bout de la
salle à manger, qui donnait sur Notre-Dame
d'Afrique. Il voulut contempler encore une fois
cette chère *orpheline* et lui envoyer, de là, un
suprême adieu. C'était pitié de voir la peine qu'il
éprouvait à marcher, à cause de l'état de ses
jambes ; mais la joie dont il fut inondé, en con-
templant le glorieux monument, le dédommagea
de toutes ses souffrances. Son cœur se dilata si
largement et son émotion fut si profonde, que sa
figure, reflétant les sentiments de son âme,
s'illumina, comme le ciel aux premières clartés
du jour, d'un rayon qu'on aurait cru divin (2) ».

---

(1) *Vie de Mgr Pavy*, p. 476, tome 2e.
(2) *Vie de Mgr Pavy*, p. 479.

Monseigneur Pavy

Le Cardinal Lavigerie

C'était le 14 *novembre* 1866. Dans la nuit du surlendemain, 16 *du même mois*, le vénérable Evêque s'éteignit pieusement à l'âge de 61 ans ; il en avait passé 20 en Algérie.

Il resta fidèle à Notre-Dame d'Afrique après sa mort, comme il lui avait été fidèle pendant sa vie. Il lui légua son humble fortune dont son frère, chargé d'exécuter ses intentions, était le dépositaire, et en même temps, il voulut y être enseveli.

« Je veux, dit-il dans son testament, être enterré dans un très-modeste caveau, situé au-dessous du maître autel de la chapelle définitive de Notre-Dame d'Afrique ; à l'extérieur et au niveau du dallage, en face de l'autel, on placera une pierre funéraire sur laquelle, au-dessous de mes armes, on gravera l'inscription.

« Je donne, ajouta-t-il, mes décorations à la petite chapelle de Notre-Dame d'Afrique et veux qu'elles soient placées sur un cadre en velours rouge, le plus près possible de la Sainte Vierge et y demeurent perpétuellement exposées (1). »

L'église n'étant pas terminée et ne pouvant être, d'assez longtemps encore, livrée au culte, le corps de Mgr Pavy fut déposé provisoirement

---

(1) *Vie de Mgr Pavy*, p. 492, 495.

dans les caveaux de la cathédrale d'Alger, à côté de celui de son vénérable prédécesseur qu'il y avait fait rapporter de France, et il y demeura jusqu'au 2 *juillet* 1872, jour où eut lieu, comme nous le dirons dans le chapitre suivant, la consécration solennelle de Notre-Dame d'Afrique.

Voici comment Mgr Lavigerie annonçait aux fidèles, dans une Lettre circulaire, la cérémonie de la translation des restes mortels de son prédécesseur :

« Vous savez que Mgr Pavy a désigné, dans son testament, Notre-Dame d'Afrique comme lieu de sa sépulture.

« Il a demandé d'être enterré dans le sanctuaire et au pied de l'image de celle que sa piété a si magnifiquement honorée, sous le nom de Reine de l'Afrique. Ce vœu est sacré pour nous, pour moi en particulier, et je tiens à ce qu'il ne s'écoule pas un seul jour après la consécration de l'église, avant qu'il ne soit rempli. En conséquence, mardi prochain, après la cérémonie de la consécration, aura lieu l'inhumation de votre ancien Evêque.

« A cet effet, la veille au soir, à cinq heures et demie, se fera, à la cathédrale où sont provisoirement déposés ses restes, la levée du corps, à laquelle je présiderai, moi-même, assisté de

Mgr l'évêque de Sébaste, de mes vicaires généraux, du Chapitre métropolitain et de tout le clergé de la ville, que je convoque, à cet effet, par la présente Lettre.

« Après l'absoute, le cercueil placé sur un char funèbre sera conduit solennellement à la porte de Bab-el-Oued, d'où je l'accompagnerai en voiture avec les membres du Chapitre, jusqu'au petit sanctuaire de Notre-Dame d'Afrique, transformé en chapelle ardente. Il y passera la nuit, dans ces lieux mêmes où mon regretté Prédécesseur a tant de fois prié, et où il a voulu que son bâton pastoral, sa croix, son bréviaire fussent déposés, après sa mort, comme un dernier témoignage de sa piété filiale.

« Le lendemain mardi, après la consécration de la grande église et la célébration du Saint-Sacrifice, le Clergé ira prendre processionnellement le cercueil qui sera, après les absoutes solennelles, descendu dans le tombeau qui lui est préparé. Vous vous réunirez à moi, Messieurs et chers Coopérateurs, pour donner par vos prières un dernier témoignage de reconnaissance à celui qui fut le pasteur et le père de vos âmes. Il a fécondé par les travaux, par les œuvres de sa haute intelligence, le champ du père de famille que vous arrosez de vos sueurs. Il a connu les peines, les contradictions, les amertumes qui sur cette terre nouvelle attendent les ouvriers de l'Evangile. Il a eu la gloire et la joie de voir ses efforts couronnés de succès, particulièrement au Pèlerinage de Notre-Dame d'Afrique, où il a voulu être enseveli.

« Ce sont des souvenirs que vous ne devez point oublier, et que vous serez heureux de ressusciter en accompagnant à leur dernière demeure les restes de l'Illustrissime et Révérendissime Père en Dieu, Monseigneur Louis-Antoine-Augustin Pavy, second évêque d'Alger (1). »

Tout se passa comme Mgr l'Archevêque l'annonçait dans sa circulaire.

Immédiatement après la cérémonie funèbre, le corps de Mgr Pavy fut déposé dans le caveau creusé, selon le désir qu'il en avait manifesté, dans le sanctuaire, au pied de l'autel et de la statue de Notre-Dame d'Afrique.

Sur le marbre qui le recouvre est gravée cette inscription qu'il avait dictée lui-même avant sa mort.

Ici repose
L'Ill^{me} et R^{me} Père en Dieu
Louis-Antoine-Augustin Pavy
Second Evêque de l'Eglise d'Alger
Qui a promu et procuré la construction de ce temple
Et qui, né à Roanne, le 18 mars 1805,

---

(1) Mand. du 28 juin 1872, n° 59.

Est mort à Alger le 16 novembre 1866
Qu'il repose en paix !   (1)

---

(1)   Hic jacet
          Ill. ac R. R. in Christo Pater
       DD. Ludovicus-Antonius-Augustinus Pavy
        Secundus Algeriensis Ecclesiæ episcopus
    Hujus templi ædificandi promotor et procurator
                          Qui
        Rodumnæ XVIII Martii MDCCCV natus
    Obiit Icosii die XVI Novembris anni MDCCCLXVI
              Requiescat in pace !

Façade de la Basilique.

La Basilique vue de côté

CHAPITRE TROISIEME

S. ÉM. LE CARDINAL LAVIGERIE, ARCHEVÊQUE D'ALGER. — CONTINUATION ET CONSÉCRATION DE L'ÉGLISE. — SON ÉRECTION EN BASILIQUE. — COURONNEMENT DE LA STATUE MIRACULEUSE.

Sommaire

Mgr Lavigerie hérite de l'amour de Mgr Pavy pour le pèlerinage. — Sa première visite. — Travaux faits sous son Episcopat. — Consécration solennelle de l'église. — Les épées du général Yusuf et du maréchal Pélissier. — Le bâton de Lamoricière. — La médaille du maréchal Bugeaud. — Translation solennelle de la statue de Notre-Dame d'Afrique du pèlerinage provisoire à la grande église. — Erection de l'église en Basilique. — Couronnement solennel de la statue miraculeuse de Notre-Dame d'Afrique. — Lettre Pastorale de l'Archevêque. — Deux Brefs du Pape Pie IX. — Magnifique cérémonie du couronnement. — Sainte mort d'Agarithe. — Elle est enterrée dans la Chapelle provisoire. — Son épitaphe rédigée par Mgr Lavigerie. — Mort non moins sainte d'Anna. — Elle est enterrée dans la Basilique. — Le Cardinal Lavigerie rédige aussi son épitaphe.

En héritant de la charge épiscopale, laissée vacante par la mort de Mgr Pavy, Mgr Lavigerie hérita de son amour pour le pèlerinage de Notre-Dame d'Afrique. Son premier acte, après la prise de possession de son diocèse, fut de se rendre à l'église du pèlerinage pour y mettre son épisco-

pat et sa personne sous la protection de Marie. Il
y fut reçu au milieu du clergé et des pieux fidèles, par Agarithe et Anna qui vinrent s'agenouiller devant lui, lui promettant le même dévouement filial qu'elles avaient eu pour Mgr Pavy,
leur premier père.

De son côté, le vénérable Prélat accorda aux
humbles et pieuses filles toute sa bienveillance
et, jusqu'à la fin, il leur témoigna sa confiance
et, on peut le dire, sa vénération, répétant qu'il
n'avait jamais connu deux âmes plus humbles
et plus saintes, les consultant quelquefois, les
priant après leur mort et manifestant, en plus
d'une occasion, la pensée que l'Eglise pourrait
bien, un jour, les placer sur ses autels, comme
les saintes d'un autre âge.

Mgr Lavigerie manifesta également la résolution de continuer les travaux de la Basilique un
moment interrompus par la mort de son prédécesseur. Mgr Pavy avait laissé près de 100,000
francs dans la caisse de l'œuvre. Il en fallut
encore plus de 300,000 pour conduire les constructions au point où elles sont arrivées. C'est
sous l'épiscopat de S.E. le Cardinal Lavigerie
qu'ont été terminées les terrasses, faits tous les
crépissages, les autels, les boiseries du chœur,
les balustrades du sanctuaire, le trône épiscopal,
la chaire, les tentures, le pavé en marbre de

l'église ; qu'ont été achetés pour les deux tiers, une partie à l'Etat et l'autre partie au sieur Rocas, les terrains où sont installés aujourd'hui les Aumôniers, qui desservent le sanctuaire, et qu'a été construite, enfin, la maison habitée par les orphelines. Grâce-à ces travaux, qui furent l'œuvre de cinq années, tout se trouva prêt pour la sonsécration du sanctuaire, le 2 *juillet* 1872. Voici dans quels termes Mgr l'Archevêque annonçait cette solennité :

« L'église de Notre-Dame d'Afrique, œuvre du zèle et de la foi de notre éminent prédécesseur, Mgr Pavy, est terminée. L'office divin s'y célèbre déjà, et vous savez de quelles pieuses manifestations elle a été le témoin et le centre.

« Mais tout est préparé pour la consécration de l'église. Les croix qui doivent recevoir l'onction sainte sont tracées, et je ne crois pas pouvoir retarder davantage cette cérémonie.

« J'ai donc décidé qu'elle aurait lieu, mardi prochain, 2 juillet, jour de la Visitation de la T.-S. Vierge, à 9 heures du matin.

« J'y convoque tout le clergé du Diocèse, et spécialement celui de la ville d'Alger, avec les membres des congrégations d'hommes et de femmes (1). »

____

(1) Mandement du 28 juin 1872, n° 9.

Une inscription gravée sur le marbre, dans l'intérieur de l'église, rappelle cette cérémonie. C'est la première grande inscription placée à droite, à côté de la chaire actuelle.

« Cette cérémonie, dit le *Bulletin de Sainte-Monique*, l'une des plus belles de la liturgie catholique, a eu lieu avec le plus grand éclat. Mgr l'Archevêque d'Alger officiait, assisté de Mgr l'Evêque de Sébaste, et entouré de presque tout le clergé du diocèse. Une circonstance touchante a marqué la fin de la cérémonie. Après avoir consacré l'autel de la Sainte Vierge, Mgr l'Archevêque d'Alger a reçu, des mains d'un ecclésiastique, qui les portait, deux épées de combat. C'était un double *ex-voto* que deux femmes chrétiennes, veuves de deux généraux illustres, faisaient déposer aux pieds de Marie, comme une marque touchante de la foi de ceux qu'elles ont perdus. L'une de ces épées était celle du maréchal Pélissier duc de Malakoff; l'autre, celle du général Yusuf. Elles avaient, toutes deux, contribué à arracher l'Afrique à la domination de l'Islamisme. Leur place d'honneur était bien sur l'autel de Notre-Dame d'Afrique (1). »

Plus tard, la canne légendaire du général Lamoricière a été placée près de ces deux épées.

---

(1) *Bulletin de Ste Monique*, août 1872.

Un autre souvenir de la conquête, plus glorieux peut-être, puisqu'il se rapporte au Père même de l'Algérie, au maréchal Bugeaud, se trouve maintenant placé à côté des trois autres, et il est encore mieux à sa place au pied de la statue de Marie, car c'est une petite médaille miraculeuse de la Très Sainte Vierge que le vieux maréchal porta à son cou, pendant tout le temps des guerres africaines.

Mais laissons parler, à cet égard, le Cardinal Lavigerie :

« C'est en 1841 que Bugeaud vint prendre, avec le gouvernement de l'Algérie, la direction de la guerre d'Afrique. Les temps étaient rudes alors. De toutes-parts, les Arabes avaient organisé la résistance, grâce à nos hésitations de plus de dix années. Nos soldats, nos officiers, nos généraux succombaient en grand nombre, sous les coups non moins redoutables de la maladie. Quelques mois auparavant, le général en chef lui-même, Danrémont, avait été frappé mortellement sous les murs de Constantine. La famille du Maréchal, en voyant son chef se préparer à partir, était donc, on le comprend, dans de vives angoisses, angoisses d'autant plus légitimes que Bugeaud ne s'épargnait pas, et qu'on le savait toujours le premier au feu. L'une de ses pieuses filles lui demanda, la veille de son départ, d'accepter de sa main une médaille de la Sainte Vierge et de lui permettre de la passer à son cou, comme une sauvegarde contre tant de périls. Le général, ému de cette marque de confiance et de tendresse, accéda aussitôt au désir de son enfant. Il lui laissa placer sur sa poitrine, attachée à un simple cordon, une petite médaille en argent.

« Le jour même, le général dînait à Périgueux, dans une société nombreuse, fort peu chrétienne, comme la société officielle de ce temps-là. L'Évêque du diocèse s'y trouvait pourtant, et comme il exprimait au général son espoir que Dieu protégerait ses armes :

« — Ah ! Monseigneur, répondit Bugeaud, je ne suis pas un incrédule ; moi aussi j'ai confiance en Dieu, et pour vous en donner la preuve, voici une des armes que j'emporte avec moi ! »

« Et en disant ces mots, le gouverneur de l'Algérie tira de sa poitrine la petite médaille d'argent suspendue à son cordon.

« — C'est une médaille de la Sainte Vierge dont j'ai promis à ma fille de ne plus me séparer ! »

« Le vieux Maréchal a tenu parole. Dans toutes ses guerres d'Afrique, la petite médaille de la Sainte Vierge est restée sur son cœur, et Marie s'est plu à récompenser la confiance pieuse de l'enfant et l'acte de foi du vieux Maréchal. Il sortit sain et sauf de tous les périls de ces dix-huit campagnes, où tant de braves tombèrent à ses côtés, sous les coups des Arabes. Aussi, lorsqu'il partit d'Alger, voulut-il garder sa petite médaille en témoignage de reconnaissance. Elle était encore suspendue à son cou, lorsqu'il mourut, quelques mois après, d'une mort prématurée, dans les sentiments les plus admirables ; et c'est seulement après sa mort que les mains de sa fille ont repris, avec un pieux respect, l'image de Marie sur la poitrine du vieux soldat.

« Cette médaille, bien pauvre en elle-même, mais si précieuse par tant de souvenirs, je l'ai demandée et obtenue pour le sanctuaire de Notre-Dame d'Afrique, où sa place est si bien marquée, et où elle reposera aux pieds de la Madone, entre l'épée du vieux duc de Malakoff, celle du brave Yusuf et le bâton de Lamoricière.

« Je la fais encadrer dans un cercle d'or, qui sera placé aux pieds mêmes de la statue, et sur lequel ceux qui viendront visiter Notre-Dame d'Afrique pourront lire ces paroles :

« Médaille de la Très-Sainte Vierge, que le maréchal Bugeaud a portée sur sa poitrine pendant toutes les guerres d'Afrique et qu'il avait encore à son heure dernière.

« Sa pieuse fille, Madame la comtesse Feray d'Isly, des mains de laquelle il l'avait reçue et qui l'a reprise après sa mort, l'a donnée au sanctuaire de Notre-Dame d'Afrique. »

Alger, MDCCCLXXVI   (1).

Parmi les événements qui se rapportent à l'histoire du sanctuaire, il en est un autre que nous ne pouvons passer sous silence, c'est celui de la translation de la statue miraculeuse de sa petite chapelle provisoire à la basilique définitive.

Cette dernière avait été consacrée, comme on l'a vu, le 2 juillet 1872, et, ce jour-là même, les dépouilles mortelles de Mgr Pavy y avaient reçu la sépulture. Mgr l'Archevêque d'Alger attendait une occasion solennelle pour mettre la statue de Notre-Dame d'Afrique en possession de son nouveau sanctuaire. Elle se présenta, quelques mois après, à l'époque de l'ouverture du premier concile qui se célébra en Afrique, après une interruption de tant de siècles, et que Mgr Lavigerie avait convoqué, dans un sentiment particulier de piété filiale envers Marie, à Notre-Dame d'Afrique (2).

---

(1) Mandement de Mgr Lavigerie, du 1er mars 1876, n° 101.

(2) Une inscription latine placée dans la basilique, presque en face de la chaire, consacre le souvenir de ce mémorable événement.

Ce fut le 4 *mai* 1873, premier dimanche du mois de Marie, qu'eut lieu cette grande cérémonie. Elle coïncida avec l'ouverture même du concile. Nous ne croyons pouvoir mieux faire que d'en reproduire , en le traduisant, le récit tel que nous le trouvons dans les procès-verbaux latins de cette pieuse assemblée :

« Toutes les cloches de la ville et du sanctuaire annonçaient, depuis le lever du jour, la pieuse cérémonie. A huit heures et demie, se trouvaient réunis dans la salle capitulaire de la maison des Missionnaires d'Alger, les Evêques de l'Algérie, c'est-à-dire Mgr Lavigerie, Archevêque d'Alger, Mgr Callot, Evêque d'Oran, Mgr Soubiranne, Evêque de Sébaste et auxiliaire d'Alger, Mgr Robert, Evêque de Constantine, le Révérendissime Père Abbé d'Aiguebelle, le Révérendissime Père Abbé de Staouéli : tous revêtus de leurs ornements pontificaux, ayant la mitre en tête et la crosse en main. Les Membres du Chapitre métropolitain entouraient les prélats, revêtus d'ornements de drap d'or. Un nombre immense de fidèles couvrait la colline sur laquelle Notre-Dame d'Afrique est bâtie. Parmi eux se trouvaient des infidèles, des Israélites attirés par un tel spectacle. La route, qui, de la maison des Missionnaires, devait conduire à la porte de l'église, était tout entière jonchée de fleurs ; de distance en distance s'élevaient des arcs de triomphe portant les armes du Souverain Pontife et celles des Évêques de l'Algérie. Des guirlandes de verdure reliaient entre eux ces arcs de triomphe.

C'est ainsi que se déroula la procession solennelle. Elle était ouverte par la croix processionnelle que portait un élève du Séminaire, revêtu de la dalmatique.

Venaient ensuite les fidèles de chacune des paroisses d'Alger avec son clergé propre ;

Les Ordres religieux de femmes ;

Les sept pieuses confréries d'hommes, chacune avec ses bannières et ses habits de cérémonie ;

La croix du Chapitre ;

Les élèves du Petit Séminaire de Saint-Eugène, tous jeunes arabes convertis à la foi ;

Les élèves du Petit Séminaire Diocésain ;

Les élèves des deux grands Séminaires du Diocèse et de la Mission ;

Les Ordres religieux d'hommes ;

Le Clergé séculier ;

La croix Archiépiscopale ;

Les Membres du Clergé et des Communautés, députés au Concile, en chape de drap d'or ;

Quatre Diacres revêtus de leurs dalmatiques, et portant sur un trophée les canons des anciens

Conciles africains et les œuvres des docteurs de l'Afrique ;

Quatre autres prêtres en chasuble, portant de même les Saintes-Ecritures ;

Quatre autres prêtres, portant les insignes reliques de Saint Augustin et de Sainte Monique;

Les Abbés d'Aiguebelle et de Staouéli ;

Le Chapitre d'Alger ;

Les Evêques ;

Et après eux, présidant la procession, l'Archevêque revêtu d'une chape rouge et portant la mitre d'or.

C'est ainsi que la procession, après avoir fait le tour de l'enclos des Pères Missionnaires, sortit sur la colline, se dirigeant vers la chapelle provisoire de Notre-Dame d'Afrique, pour y prendre solennellement la statue miraculeuse. La procession se rangea à droite et à gauche de la porte du sanctuaire, et les prélats seuls y pénétrèrent, accompagnés de douze vigoureux marins, complètement vêtus d'habits blancs, qu'ils avaient fait faire pour la circonstance. C'étaient les pêcheurs napolitains d'Alger, qui avaient sollicité comme un honneur et un privilège de bénédiction, de porter eux-mêmes la statue jusqu'à l'autel de son église nouvelle. Mgr l'Archevêque, les faisant approcher, mit le premier la main sur la statue déposée sur un brancard recouvert de

drap d'or et de fleurs. Les marins la soulevè-
rent après lui, et les Évêques la précédant sortirent aussi du sanctuaire.

Lorsqu'elle parut sur le seuil, ainsi portée
comme en triomphe et dominant toutes les têtes,
ce fut une acclamation de foi et de piété, et l'Archevêque entonna d'une voix forte l'*Ave Maris
Stella* qui fut continué, avec un saint enthousiasme, par le clergé et par la foule des fidèles.

C'est au milieu de ces chants sacrés que la
Statue miraculeuse parvint à la porte de la Basilique, et qu'elle fut introduite jusque dans le
sanctuaire. Dès que les marins qui la portaient
sur leurs bras robustes l'eurent déposée sur son
trône, Mgr l'Archevêque l'encensa solennellement, et, s'agenouillant ensuite devant elle, il
entonna la pieuse antienne : *Sancta Maria, suc-
curre miseris.*

Marie était ainsi désormais en possession de
son église définitive dans laquelle elle devait
répandre tant de faveurs maternelles. »

Mais la consécration est une cérémonie ordinaire pour toutes les églises catholiques qui
sont, par leur importance matérielle, capables
de la recevoir. L'Archevêque d'Alger pensa que
l'église de Notre-Dame d'Afrique, œuvre de tant
de foi et de charité, entourée de circonstances si

extraordinaires, méritait encore d'autres honneurs. Nous ne pouvons mieux faire que de lui laisser exprimer à lui-même sa pieuse pensée. Voici comment il s'exprime dans une lettre pastorale, en date du 1er mars 1876 :

« Je n'ai pu m'empêcher, Mes Frères, de faire connaître au Saint-Père, dans un récent voyage à Rome, de quels touchants témoignages de piété vous avez entouré, dans ces dernières années, Notre-Dame d'Afrique. Je lui ai raconté les manifestations qui ont eu lieu autour de son Temple, à l'occasion de la résurrection des Conciles sur notre terre africaine. Je lui ai dit comment votre piété y avait trouvé un refuge, lorsque, dans nos plus mauvais jours, l'impiété chassa Dieu de nos rues et de nos places publiques. Je lui ai parlé des rangs pressés de notre Procession Jubilaire. Mais surtout, je lui ai fait connaître la foi touchante qui amène, chaque jour, aux pieds de Marie un si grand nombre de pèlerins, qui viennent implorer, d'Elle, la consolation dans la peine, la force dans l'épreuve, la guérison dans la souffrance.

« A ce récit, mes Très-Chers Frères, dans lequel j'étais heureux, comme Pasteur, de rendre à la portion fidèle de mon troupeau la justice qu'elle mérite, j'ai vu s'émouvoir le cœur de Pie

IX. Il a levé vers le Ciel ses mains vénérables pour vous bénir, et il a voulu nous accorder à tous une marque spéciale de sa bonté.

« C'est un usage antique des Souverains Pontifes de faire couronner, en leur nom, les statues de Marie, honorées dans les plus célèbres sanctuaires du monde chrétien. La couronne qu'ils leur décernent est un symbole d'honneur et de reconnaissance pour les bienfaits que les fidèles y obtiennent, en plus grand nombre. Ne pouvant rien ajouter à sa gloire dans le Ciel, le Chef suprême de l'Eglise donne ainsi, sur la terre, à ses pieuses images, les insignes visibles de la souveraineté, là où elle se plaît à montrer elle-même sa puissance souveraine. Et, afin d'imprimer un plus auguste caractère à ce témoignage de piété filiale, il se réserve le droit de le décerner seul, à la demande des premiers Pasteurs.

« C'est ce que Notre Saint-Père le Pape Pie IX a voulu faire pour Notre-Dame d'Afrique.

« Il l'a fait, je le sais, avec une double joie ; car, ici, ce n'est pas un culte ordinaire que nous rendons à Marie. Son sanctuaire s'élève, en effet, sur les ruines dix fois séculaires du culte ancien qui lui était rendu sur ces rivages.

« Que de souvenirs, M. T.-C. F., sont renfermés pour nous dans ce nom de Notre-Dame d'Afrique, que lui a donné la piété de notre vénérable prédécesseur, créateur de son sanctuaire !

« Notre-Dame d'Afrique, c'est, en effet, non-seulement la reine du présent, c'est aussi la reine du passé, la reine des Cyprien, des Augustin, des Optat, des Fulgence, des Félicité, des Perpétue, des Docteurs, des Pontifes, des Martyrs, des Vierges, qui ont embaumé cette noble terre du parfum de leurs vertus et de leur sang.

« En la couronnant sous ce nom nouveau, c'est donc toute cette troupe victorieuse, dont elle est la reine, que nous couronnerons avec elle !

« Mais ce n'est pas seulement la statue de Marie que Pie IX a voulu honorer de ce symbole de puissance, il a voulu encore accorder à son Temple un titre nouveau, et le mettre par là au rang des temples les plus vénérés de la Rome pontificale.

« A Rome, vous le savez, M. T.-C. F., les églises où les Souverains Pontifes ont établi plus spécialement leur trône, Saint-Jean-de-Latran, Saint-Pierre, Saint-Paul-hors-les-Murs, Sainte-Marie-Majeure, portent le titre de Basiliques. C'est un titre d'honneur qui les place au-dessus de toutes les églises de l'univers ; c'est aussi une source de faveurs spirituelles, car, tous les jours de l'année, on peut y gagner des indulgences plénières, applicables même aux défunts.

« Lorsqu'ils veulent honorer, dans le reste du monde, une église plus ancienne et plus illustre, les Papes lui confèrent le même titre et les mêmes privilèges. Ils le font rarement, pour conserver un plus grand prix à cet honneur même. Pie IX a voulu le faire pour nous. Il a considéré, sans doute, ce temple né d'hier, comme représentant les églises africaines autrefois si nombreuses quelques-unes si magnifiques, et toutes si vénérables par leur antiquité.

« Elles étaient dignes de cet honneur, ces vieilles églises ensevelies sous les ruines de nos sept cents villes épiscopales, ces églises où de si grands hommes prêchèrent la vérité, où périrent dans les flammes, sous le fer des Donatistes, des Vandales, des Arabes, tant de millions de martyrs, où la vérité catholique fit entendre, dans les Conciles les plus illustres, des accents si vigoureux et si pleins de grandeur. Elles seront honorées toutes ensemble, aujourd'hui, dans cette Église nouvelle, que Pie IX vient éclairer d'un rayon de leur vieille gloire, comme pour faire renaître dans la fille le souvenir de ces églises disparues.

« Deux Brefs du Souverain Pontife consacrent ces deux actes de sa justice et de sa bonté paternelles. Ils seront publiés tous deux solennellement à Notre-Dame d'Afrique, la veille même du mois de Marie, dimanche, 30 avril, aux Vêpres solennelles. Et à dater de ce jour, la statue de Marie y portera la couronne qui lui viendra de Pie IX ; son Église prendra son titre nouveau, et les pieux fidèles qui graviront sa colline y trouveront des sources plus abondantes encore de grâces et de bénédictions (1). »

Voici le texte des deux Brefs dont parle Mgr Lavigerie dans sa Lettre Pastorale. Nous commencerons par le Bref pour l'Érection de Notre-Dame d'Afrique en *Basilique Mineure* :

« PIE IX PAPE

« POUR EN PERPÉTUER LA MÉMOIRE

« Dans notre amour très-ardent pour la beauté de la maison de Dieu et le culte qui lui est dû, nous agréons très volontiers, de la part des évêques, les demandes qui ont pour but de rehausser la majesté et la dignité des temples qui jouissent d'une grande célébrité dans leurs diocèses.

« Notre Vénérable Frère Charles-Martial, archevêque d'Alger, nous ayant exposé récemment qu'il existait, auprès de sa ville archiépiscopale, un temple, remarquable par sa grandeur et sa sainteté, élevé en l'honneur de la Très

______
(1) Mandement du 1ᵉʳ mars 1876.

Sainte et Immaculée Vierge Marie ; que, en ce même lieu, la Vierge Immaculée, invoquée sous le titre de Notre-Dame d'Afrique, était l'objet de la pieuse et singulière vénération des fidèles qui déjà ont ressenti les précieux effets de sa puissante protection, par l'obtention fréquente de faveurs signalées.

« Que la sainteté de ce temple était rehaussée par le concours empressé du peuple et par un grand nombre de grâces prodigieuses, comme le prouvent, d'une manière éclatante, les innombrables *ex-voto*, lapidaires et autres, qui tapissent presque entièrement ses murs.

« Pour ces raisons, ce même Vénérable Frère nous a demandé de vouloir bien décorer ledit temple, voisin d'Alger, du titre et des privilèges de Basilique, et d'y ouvrir avec bonté, en faveur des fidèles qui viennent y prier la Sainte Mère de Dieu, les trésors de l'Eglise dont le Très-Haut nous a fait le dispensateur.

« En conséquence, faisant droit à cette requête, nous érigeons en Basilique Mineure l'église bâtie, non loin d'Alger, en l'honneur de la Vierge, Mère de Dieu, et connue de tous sous le nom de Notre-Dame d'Afrique.

« De plus, en vertu de Notre autorité apostolique, par la teneur des présentes Lettres, Nous lui conférons et accordons, à perpétuité, tous et chacun des privilèges, prééminences, exemptions et indults dont jouissent et profitent, en quelque manière que ce soit, les autres Basiliques Mineures de même rang.

« En outre, nous accordons très-miséricordieusement dans le Seigneur, à perpétuité, à tous les fidèles de l'un et de l'autre sexe qui, ayant reçu, avec les dispositions requises, les sacrements de Pénitence et d'Eucharistie, visiteront, avec dévotion, un jour de l'année au choix de chacun, ladite église et la statue de Notre-Dame qui y est conservée, et là, adresseront à Dieu de ferventes prières pour la concorde entre les princes chrétiens, l'extirpation des hérésies, la conversion des pécheurs et l'exaltation de Notre Mère la Sainte Église, une Indulgence Plénière et la rémission de tous leurs péchés.

« Cette indulgence est applicable, par manière de suffrage, aux âmes des fidèles qui ont quitté cette vie, unies à Dieu par les liens de la charité.

« Nous voulons que Nos présentes Lettres soient et demeurent fermes et valables, et qu'élles ressortent leur plein et entier effet en faveur de ladite église, et que tous ceux à qui il appartient ou à qui il appartiendra, dans l'avenir, les gardent inviolablement.

« Ainsi devra être jugé et défini, d'après la teneur desdites Lettres, par tous les juges tant ordinaires que délégués, seraient-ils Auditeurs des Causes du sacré Palais apostolique, nonces du Saint-Siège, cardinaux de la Sainte Eglise Romaine, légats à *latere*, ou toutes autres personnes, jouissant ou devant jouir de quelque prééminence ou autorité que ce soit. Nous leur retirons à tous, et à chacun d'eux, tout pouvoir et toute autorité de juger autrement et de les interpréter. Tout acte dérogatoire à ces Lettres, accompli en connaissance de cause ou par ignorance, par qui que ce soit, jouissant de n'importe quelle autorité, sera donc nul et de nul effet.

« Nonobstant, autant que besoin est, la Constitution de Benoît XIV, notre prédécesseur, d'heureuse mémoire, *super divisione materiarum*, et les autres Constitutions et Ordonnances soit générales, soit particulières, tant celles émanées du Saint-Siège Apostolique, que celles qui ont été décrétées par les Conciles. »

A Notre Vénérable Frère Charles-Martial Allemand-Lavigerie, Archevêque d'Alger.

Voici, maintenant, le Bref pour le couronnement de la statue de Notre-Dame d'Afrique :

« PIE IX PAPE

« VÉNÉRABLE FRÈRE, SALUT ET BÉNÉDICTION APOSTOLIQUE

« Dans le pieux dessein de ranimer et d'accroître le culte et la dévotion des fidèles envers la Sainte Mère de Dieu, Vous Nous avez témoigné le désir qu'il vous fût permis de couronner en Notre Nom, soit par vous-même, soit par un prélat, choisi par vous, la statue miraculeuse de la Très Sainte et Immaculée Vierge Marie, placée dans une église bâtie aux portes d'Alger, et honorée d'un culte tout particulier sous le titre de Notre-Dame d'Afrique, par la foule sans cesse renouvelée des populations, tant de la ville que de l'étranger. Et Vous Nous avez adressé une supplique dans ce but.

« Nous, qui, aujourd'hui, plus que jamais, surtout en ces temps difficiles que traverse l'Eglise, n'avons rien plus à cœur que d'exciter tous les fidèles à la dévotion envers notre puissante Patronne, afin que, à sa prière, Dieu daigne accorder la paix au peuple chrétien et la tranquilité à sa Sainte Eglise, Nous avons cru devoir donner à vos vœux une réponse favorable.

« C'est pourquoi, Vénérable Frère, de Notre Autorité Apostolique, Nous vous accordons, par les présentes Lettres, l'autorisation demandée.

« Au jour que vous désignerez, et après avoir convoqué votre peuple à des prières solennelles, vous pouvez donc librement et légitimement procéder en Notre Nom et Autorité, soit par Vous-même, soit par un autre Prélat député par vous, à cet effet, au couronnement de la statue de la Mère de Dieu.

« Mais, afin que les fidèles retirent de cette solennité quelque profit pour l'éternelle Béatitude, Nous accordons très-miséricordieusement dans le Seigneur une Indulgence Plénière et la rémission de tous leurs péchés à tous, et à chacun des fidèles de l'un et de l'autre sexe qui visiteront les dites église et statue, soit le jour du couronnement solennel, soit quelqu'un des sept jours qui suivront immédiatement la fête, au choix de chacun des fidèles, et *chaque année, au jour anniversaire de ce même couronnement,* pourvu que, vraiment pénitents et confessés et munis de la Sainte Eucharistie, ils prient, avec ferveur, pour la concorde entre les princes chrétiens, l'extirpation des hérésies, la conversion des pécheurs, et l'exaltation de Notre Mère la Sainte Eglise. Cette indulgence est applicable, par manière de suffrage, aux âmes du Purgatoire.

« Nonobstant les constitutions et ordonnances, soit générales, soit particulières, tant celles émanées du Saint-Siège que celles qui ont été faites dans les Conciles généraux et provinciaux et les Assemblées synodales, et toutes autres contraires, quelles qu'elles soient.

« Nous voulons, en outre, que l'on accorde aux traductions des présentes Lettres ou à leurs exemplaires même imprimés, pourvu qu'ils soient revêtus de la signature d'un notaire public et munis du sceau d'une personne constituée en dignité ecclésiastique, la même foi qui serait due à ces Lettres elles-mêmes, si elles étaient produites ou montrées.

« Donné à Rome, près Saint-Pierre, sous l'anneau du pêcheur, le 8 juin 1875.

« En la 29ᵉ année de Notre Pontificat.

« F. CARD. ASQUINI. »

Ces deux Brefs, richement encadrés, sont exposés à droite et à gauche de l'autel de Notre-Dame d'Afrique, comme des titres d'honneur. Ils le sont, en effet, car il ne pouvait y avoir rien de plus précieux et de plus honorable pour ce pèlerinage que la reconnaissance, par le Saint-Siège, de son caractère miraculeux, et la concession de si grandes faveurs spirituelles.

Mais revenons, maintenant, à la cérémonie qui suivit la publication de ces deux Brefs.

« A l'appel de leur Archevêque, qui les convoquait au couronnement de Notre-Dame d'Afrique, dit le *Bulletin de Sainte-Monique*, les fidèles d'Alger et des environs répondirent par un nombreux concours. Ce jour-là, (30 avril 1876), les pèlerins affluèrent par milliers vers la montagne, heureux de témoigner leur joie, leur reconnaissance et leur amour à la Mère de Dieu, pour tous les bienfaits dont elle s'était plu à les combler jusqu'alors, heureux de venir saluer avec Pie IX et toute l'Eglise, Marie, comme Reine de l'Afrique.

« A 4 heures de l'après-midi, le Révérendissime Père de la Trappe de Staouëli, Mgr.l'Evêque de Constantine et d'Hippone et Mgr l'Archevêque d'Alger en ornements pontificaux, entourés d'un clergé imposant, en chapes, en chasubles, en aubes et en surplis, vinrent prendre place sur une grande et superbe estrade, élevée au bas de la coupole, en face d'Alger et de la mer. Là, entre le ciel, la terre et les flots, un chœur de voix harmonieuses prépara, par ses chants, la foule immense à recevoir la parole de Dieu. Elle lui fut annoncée par un Père de la Miséricorde qui rappela les grâces, les merveilles, les joies, les promesses qui ont préparé, amené le couronnement de Notre-Dame d'Afrique, et celles plus

nombreuses encore que le couronnement promet
pour l'avenir.

« On entonna les vêpres, et une procession, où
la couronne d'or de Marie fut portée en triomphe,
se déroula le long de la colline, en chantant, à la
Reine des Cieux, des psaumes et des hymnes que
les flots accompagnaient de leurs voix, les cloches de leurs sons pleins d'allégresse.

« Au retour de la procession, le cortège sacré
pénétra à grand peine dans le sanctuaire, à travers les rangs de la multitude qui remplissait
l'enceinte du temple et en assiégeait les abords.

« Du haut de son autel éblouissant de lumières,
Marie, à-demi voilée par un nuage d'encens,
apparut comme une vision du ciel. Ah ! c'est
qu'en effet le ciel allait s'abaisser et s'ouvrir pour
contempler le spectacle incomparable qui nous
attendait.

« Après la lecture des deux Brefs, Mgr l'Archevêque d'Alger prit la couronne d'or étincelante de
pierreries et la présenta à Mgr Robert, le pieux
Évêque de Constantine. Un silence solennel plana
sur toute l'assistance, pendant que le Pontife
gravissait lentement les degrés du trône de Marie
et posait le brillant diadème sur la tête de la Statue. A ce moment, le chœur entonna le cantique
à Notre-Dame d'Afrique, AVE O MARIA, pendant

lequel les Prélats encensèrent la Sainte Image (1). »

A dater de ce jour, l'église de Notre-Dame d'Afrique a pris le nom de Basilique.

Comme pour la cérémonie de la consécration solennelle, deux grandes inscriptions sur marbre, placées l'une, à droite, l'autre, à gauche, au commencement de la nef, rappellent ces privilèges et la cérémonie où ils furent proclamés pour la première fois.

Avant d'aborder la Troisième partie de cette Notice, où nous voulons traiter des œuvres pieuses dont la Basilique est devenue le centre, nous devons, pour terminer d'abord ce qui regarde l'histoire de la création du pèlerinage, parler de la fin bienheureuse de ses deux pieuses fondatrices.

Il semble qu'elles aient attendu, l'une et l'autre, le couronnement de leur œuvre pour aller en recevoir la récompense ; ou plutôt, la récompense a été comme échelonnée, pour les créateurs du pèlerinage, de façon à ce que chacun d'eux reçut la sienne, dès qu'une partie de l'œuvre se trouvait achevée.

---

(1) *Bulletin de Ste Monique.* Octobre 1876, p. 133, 134, 135.

Mgr Pavy mourut, comme on l'a vu, dès que la croix monumentale eut été placée sur la coupole définitivement terminée ;

Agarithe, après la consécration de l'église ;

Anna seule a vu son érection en Basilique et le couronnement de la statue miraculeuse.

Mais l'une et l'autre sont mortes comme elles avaient vécu, c'est-à-dire en odeur de sainteté.

Voici ce que dit de la fin d'Agarithe le *Bulletin de Sainte-Monique*.

« Pendant sa dernière maladie, ses souffrances et ses tortures ont été atroces. Cette vie déjà si remplie de douleurs ne semblait vouloir se briser que par la plus longue et la plus pénible des agonies. C'était pitié de voir l'irritation de sa poitrine ; ses mains brûlantes se crispaient sous l'étreinte de la fièvre ; son corps ruisselait de sueur, et elle n'était attentive qu'à une chose : ne rien faire et ne rien dire qui pût exciter la moindre compassion.

« Ce qui frappa le plus le missionnaire qu'elle avait pour directeur, et qui l'avait assistée pendant sa dernière maladie, c'est son inaltérable patience au milieu des douleurs les plus vives. Il venait la voir réglièrement, deux fois par jour. A la visite du soir, elle ne manquait jamais de lui demander sa bénédiction : « C'est ma meilleure potion pour passer une bonne nuit », lui disait-elle, en souriant. Plusieurs fois la semaine, il lui portait la sainte communion. Dès la veille, son âme se consumait de saints désirs : « C'est donc demain, répétait-elle, que je vais recevoir mon Jésus ! »

« Le vendredi, 16 juillet 1875, fête de Notre-Dame du Mont-Carmel, la souffrance sembla redoubler. On crut donc que Marie avait attendu ce jour-là pour venir chercher sa fidèle servante : « Non, pas aujourd'hui, dit-elle à ceux qui lui parlaient de l'approche des derniers moments. »

« Dans la nuit, elle fit un effort en se retournant, comme pour chercher une bonne place dans son lit. La Sœur de Bon-Secours, qui la veillait, s'en aperçut et lui dit : « Vous êtes mal, n'est-ce pas ? Voulez-vous que je vous place mieux ? »

« — Mon Jésus était bien plus mal sur la croix; laissez-moi où je suis; répondit-elle. » Et on remarqua qu'elle demeura jusqu'à la fin, sans vouloir changer de place.

« Avant de mourir, elle voulut renouveler sa profession du Tiers-Ordre de Saint François, qu'elle avait faite, avec la permission de son Directeur et celle de Mgr Lavigerie, quelques années auparavant.

« Je n'oublierai jamais cette pieuse et touchante cérémonie, a écrit le Père qui l'assistait. Après avoir baisé respectueusement le livre de ses règles, elle a pris dans ses mains tremblantes le cierge qui, six ans auparavant, lui avait servi pour sa profession de Tertiaire de Saint François. On remarquait sur le visage de la mourante une expression de bonheur indicible ; un sourire angélique se promenait sur ses lèvres ; j'étais si ému que j'avais peine à réciter les prières, malgré toute la violence que je me faisais. J'étais si heureux de voir de si près la mort d'une sainte !

« C'est ainsi qu'elle s'avançait vers son éternité avec les manifestations de la foi la plus ardente, de la piété et de la patience la plus admirable.

« Son recueillement augmentait à mesure que la mort approchait. Elle ne parlait plus, ni ne prêtait plus attention à ce qui l'entourait. Elle semblait converser intérieurement avec Dieu et avec Marie qu'elle avait tant aimée, et si généreusement servie dans son Sanctuaire. Un moment, sa voix sembla s'élever, et on l'entendit prier pour la mission d'Afrique et offrir ses souffrances pour Mgr l'Archevêque d'Alger. On pense même qu'elle a offert sa vie pour que celle du bien-aimé Pasteur soit conservée plus longtemps à son troupeau ; et d'ailleurs la santé du vénérable prélat qui, toute l'année, avait inspiré les plus vives inquiétudes, ne commença à s'affermir qu'à cette époque, ce qui lui-permit de reprendre, avec des forces nouvelles, la direction de son immense diocèse et des grandes œuvres qu'avaient enfantées son zèle et sa charité.

« C'est le samedi, 17 juillet, que cette âme, si pleine de vertus et de mérite, s'est envolée, avec une dernière prière, de ce corps brisé par les souffrances et par ses longues austérités. La Sœur de Bon-Secours, qui, pendant trois semaines, est restée au chevet de cette édifiante malade, répétait : Dans ma vie j'ai soigné et j'ai vu mourir bien des prêtres, bien des religieuses et bien des personnes pieuses, mais jamais comme cette sainte demoiselle (1) ! »

Ses funérailles furent une sorte de triomphe. Son Eminence le Cardinal Lavigerie voulut qu'on l'ensevelît dans la chapelle primitive, aujourd'hui dédiée à Saint Joseph, et lui-même écrivit, de sa main, son épitaphe qu'on peut y lire encore.

Ici repose
Dans l'espérance de la résurrection bienheureuse
Marguerite Berger
Qui
S'étant constituée la servante fidèle
De l'Immaculée Vierge Marie
Dans son temple

---

(1) *Bulletin de Ste Monique*, juillet 1876, p. 137, 138, 139, 140.

Pendant 20 ans
A brillé de l'éclat de toutes les vertus chrétiennes
De l'humilité, de la charité, de la piété
Et après avoir répandu jusqu'à la fin
La bonne odeur de Jésus-Christ
S'est endormie dans le Seigneur
Le 18 juillet de l'année chrétienne 1879
A l'âge de 66 ans
Pour que la mémoire de tels mérites ne se perdît pas
Mgr Charles-Martial-Allemand Lavigerie
Premier Archevêque d'Alger
A voulu qu'elle fût gravée sur cette pierre (1)

Les grâces attribuées à son intercession sont déjà nombreuses. Nous nous contenterons de transcrire ici, en terminant, une déclaration écrite et signée, par l'Assistante des Religieuses de la Doctrine chrétienne qui, une des premières, a ressenti les effets du crédit de la sainte fille auprès de Dieu.

« Je déclare que, par suite d'une raideur au
« bras droit, je ne pouvais, depuis un an, faire
« certains mouvements. Soins et remèdes avaient
« été impuissants à me guérir ; mais, ayant fait
« toucher ce membre au cercueil de la sainte
« défunte, Mlle Agarithe, le jour de son enter-
« rement, j'ai pu, dès le lendemain, replier mon
« bras en arrière, ce que j'attribue à la protec-
« tion de cette âme si digne de vénération.

---

(1)

Hic
In spem beatæ resurrectionis
Requiescit
Margareta Bergesio

« Mustapha-Supérieur, le 17 août 1875.

« Sœur Marie-Joseph MEYER,
« *Religieuse de la doctrine chrétienne* (1). »

La fin d'Anna n'a pas été moins sainte que celle d'Agarithe. Nous nous contenterons de reproduire ici le récit de son directeur :

« Depuis quelque temps, la pieuse Anna déclinait d'une manière sensible.

« Le mal faisant tous les jours de nouveaux progrès, on reconnut la nécessité de lui interdire tout travail, et son Directeur la condamna à garder le lit. Elle comprenait parfaitement elle-même son état, et voyait, avec joie, que sa vie était près de finir. Elle consentit donc, sur l'ordre de son Directeur, car cette âme si sainte ne voulait rien faire que par obéissance, à être transportée à l'infirmerie de l'École Apostolique. C'était le vendredi, 18 janvier 1884.

« Elle ne voulut plus, dès lors, s'occuper que de l'affaire de son salut et, dans ce but, elle se hâta, dès le premier jour, de mettre ordre à ses affaires temporelles.

« Dès le samedi 19, elle manifesta le désir de recevoir la Sainte Communion. On consentit sans

____

(1) *Bulletin de Ste Monique*, juillet 1876, p. 142, 143.

peine à lui procurer cette consolation. Mais une difficulté se présentait. Par délicatesse de conscience, la sainte fille voulait recevoir la Sainte Communion à jeun. Pour ne pas contrarier ce pieux désir, son Directeur lui promit de lui porter la Sainte-Eucharistie, de grand matin. Au moment où il entra dans la chambre d'Anna, celle-ci ne put retenir le cri du centurion : « Que « suis-je, dit-elle, pour que le Seigneur vienne « jusqu'à moi ? Aidez-moi à lui rendre grâces « pour ses grands bienfaits envers son indigne « servante. » Après une courte exhortation du prêtre, elle reçut son Dieu avec une joie ineffable qui ravit tous les assistants et leur fit comprendre la sainteté de cette âme si favorisée de Dieu.

« Cette touchante scène se renouvela plusieurs fois dans le cours de la maladie, cependant si courte, de l'humble fille, car elle avait soif de son Dieu et ne pouvait, pour ainsi dire, se passer de sa présence.

« Comme elle conversait constamment avec Dieu et avec Marie, sa mère, la pieuse Anna parlait très peu aux hommes, et ne sortait de son recueillement que lorsqu'on venait la visiter. Alors, elle se montrait aimable et douce, comme l'ont toujours connue ceux qui l'ont approchée.

« Mgr le Coadjuteur étant venu lui rendre visite, l'humble fille s'en montrait tout étonnée.

« Oh ! Monseigneur, lui dit-elle, vous aussi vous
« venez me visiter ? Qui suis-je donc pour que
« votre Grandeur daigne penser à moi ! »

« Son Eminence le Cardinal Lavigerie, alors à
Tunis, averti par le télégraphe de l'état de
Mlle Anna, lui envoya sa bénédiction paternelle,
et lui fit connaître combien il s'intéressait à elle.

« — Comment, dit-elle aussitôt, Son Eminence
« chargée de tant d'affaires et de si grandes
« missions, peut-elle penser à une si pauvre
« créature !

« Dites à Mgr le Cardinal, ajoutait-elle, que
« je le remercie de tout mon cœur, que souvent
« j'ai offert mes peines et mes prières pour lui
« et pour ses œuvres, et que volontiers je sacri-
« fie pour lui le peu de vie qui me reste. »

« Pendant tout le cours de sa maladie, elle
voulut faire les exercices de piété qu'elle s'était
imposés, depuis de longues années. Et, si elle se
trouvait dans l'impossibilité d'en accomplir quelqu'un, elle demandait humblement à son directeur de l'en dispenser, ne voulant rien faire que
par obéissance, et se soumettant avec une simplicité d'enfant à tout ce qu'on demandait d'elle.

« Se sentant plus faible de jour en jour, Anna
demanda elle-même les derniers Sacrements :
« Ils sont si précieux, dit-elle, qu'il faut prendre

tous les moyens pour en faire le meilleur usage possible. »

Son confesseur lui administra le Sacrement des mourants, le jeudi, 24 janvier. Elle le reçut avec une pieuse reconnaissance, et demanda ensuite, comme une précieuse faveur, ainsi que l'avait fait Agarithe, la permission de renouveler sa profession de Tertiaire, qu'elle avait faite, depuis 14 ans. Son directeur y ayant consenti, elle prit en mains le cierge bénit qui avait servi à sa première profession et, après quelques instants de recueillement, elle renouvela les promesses qu'elle avait si bien tenues, depuis son entrée dans le Tiers-Ordre.

« Le vendredi soir, 25 janvier, l'état de la malade paraissant plus grave, son directeur lui annonça qu'il allait lui porter le Saint Viatique. Elle accueillit l'annonce de sa fin prochaine avec une joie qu'elle ne put contenir. Elle demanda à recevoir encore une fois l'absolution, afin de préparer à son Dieu une demeure plus digne de Lui, en se purifiant des légères taches qui pouvaient être encore en son âme.

« Après cette cérémonie sainte, Anna entra dans un recueillement plus grand encore. Elle n'ouvrit plus la bouche que pour répondre aux questions qu'on lui adressait. Tous les assistants étaient dans l'admiration devant cette sainte fille qui allait quitter la vie sans aucun regret, avec une joie qui se peignait sur son visage toujours souriant. On aurait dit, à la voir, que déjà le Ciel était ouvert pour elle.

« Enfin, le samedi, 26 janvier, à une heure du matin, l'humble servante de Marie rendit sa belle âme à Dieu, sans agonie, sans souffrance, sans aucun mouvement. A la voir, à ce dernier moment, on aurait cru qu'elle s'endormait paisiblement. Elle s'endormait, en effet, du sommeil des justes, et allait recevoir au Ciel la récompense de son humble mais héroïque dévouement. »

S. E. le Cardinal Lavigerie, alors absent, comme on l'a dit, ordonna que la pieuse Anna fût enterrée dans un caveau muré de la grande Basilique, devant la chapelle de Saint Michel. On s'attendait à quelque obstacle. Mais les autorités compétentes donnèrent, sans difficulté, les autorisations nécessaires. C'est encore Mgr le Cardinal qui a voulu dicter, et faire graver à ses frais, sur la dalle de marbre qui recouvre le caveau, l'épitaphe d'Anna, comme il avait écrit celle d'Agarithe.

Ici repose
Dans l'espérance de la résurrection bienheureuse
Anna Cinquin
Qui
S'est constituée la servante fidèle
De l'Immaculée Vierge Marie

Pendant 28 ans
Et a contribué
A la construction et à l'ornementation de ce temple
En recueillant les aumônes des fidèles
Après s'être rendue remarquable
Par son admirable humilité,
Son affabilité, son innocence
Et surtout par sa charité envers Dieu et les pauvres
Elle mourut très saintement
Le 26 janvier de l'année chrétienne 1884
A l'âge de 74 ans
Afin que la mémoire de tels mérites ne se perdît pas
S. E. Mgr Charles-Martial-Allemand Lavigerie
Premier Archevêque d'Alger
A voulu qu'elle fût gravée sur cette pierre (1,

Plusieurs personnes pieuses qui ont connu Anna ont conservé pour sa mémoire une vraie vénération, et quelques-unes affirment, comme d'autres l'ont fait pour Agarithe, avoir éprouvé l'effet de son assistance auprès de Dieu.

---

(1)
Hic
In spem beatæ resurrectionis
Requiescit
Anna Cinquin

L'Orphelinat derrière la Basilique

TROISIÈME PARTIE

Des principales œuvres de piété qui se rattachent au sanctuaire de Notre-Dame d'Afrique.

CHAPITRE PREMIER

ASSOCIATIONS DE PRIÈRES POUR LA CONVERSION DES MUSULMANS

Sommaire

Invocation placée dans le sanctuaire. — L'Apostolat catholique auprès des musulmans combattu dès l'origine. — Erreur capitale même au point de vue politique. — Opinion de Mgr Lavigerie. — Manifestation d'opposition à l'Apostolat sous Mgr Dupuch. — Sous Mgr Pavy. — Sous Mgr Lavigerie. — Apostolat de la prière. — Son centre à Notre-Dame d'Afrique. — Le R. P. Ducat,. — Règlement de l'Association créée par Mgr Pavy. — Quatre-vingt mille associés. — Prière pour la conversion des Musulmans. — Les Missionnaires d'Alger chargés du service de Notre-Dame d'Afrique. — C'est de là qu'ils partent pour convertir le grand Continent. — Prière à leur usage. — Mgr Leynaud rétablit canoniquement l'Association de prières pour la conversion des Musulmans et des autres infidèles de l'Afrique.

En entrant dans l'église de Notre-Dame d'Afrique, on aperçoit au fond de l'abside et au-dessus du maître-autel, une inscription dont les caractères sont composés avec des cœurs d'or et d'argent offerts en ex-voto par les pèlerins du sanctuaire. Elle porte ces paroles : « *Notre-Dame d'Afrique, priez pour nous et pour les musulmans.* »

Rien n'est plus touchant que cette invocation adressée à Marie en faveur des infidèles, et tracée, pour ainsi dire, avec les cœurs des chrétiens. Elle représente les vœux et les espérances de tous ceux qui aiment l'Afrique, qui savent ce qu'a été son passé, et qui comprennent aussi ce qui peut et doit assurer son avenir.

Comme nous l'avons dit dans la première partie de cette Notice, une pensée de rapprochement et d'assimilation chrétienne avait présidé aux préparatifs de l'expédition que couronna la conquête d'Alger. Mais, comme nous l'avons dit encore, toute idée religieuse fut bientôt bannie, par suite de la Révolution qui bouleversa les idées politiques de la France. Non seulement les hommes de ce temps ne comprirent plus l'avantage qu'il y aurait, pour notre conquête, à laisser sa liberté à l'apostolat catholique, mais encore ils s'y opposèrent ouvertement avec une sorte de rage. Ils oublièrent que la grande majorité des populations qu'ils avaient devant eux descendait des anciens chrétiens ; qu'elle était, par consé-

quent, notre sœur par la foi, par les mœurs anciennes, par le sang même peut-être, et qu'elle
n'avait été réduite à son état présent que par les
persécutions du Mahométisme. Durant de longs
siècles, elle avait lutté contre ses bourreaux ;
quatorze fois, dit un historien arabe, Ibn Khal-
doun, on l'avait forcée, par les spoliations, par
les mauvais traitements, par le glaive, à renoncer à son culte, et, quatorze fois, elle l'avait repris. Les Turcs, et avant eux les Arabes, que
nous venions combattre, étaient, pour ces populations infortunées, des oppresseurs féroces.
C'est la pensée qu'exprimait, d'une manière sai-
sissante, il y a quelques années, Mgr Lavigerie,
dans un discours prononcé par lui à la cathédrale d'Alger, pour l'inauguration du service religieux dans l'armée d'Afrique.

« Sur les sommets de l'Atlas, formant, avec les
restes des Lybiens et des Berbères, la masse des
populations indigènes, se trouvent, disait ce prélat, les descendants des chrétiens (1). C'est le Li-

(1) Voici comment le général Daumas, celui de
tous les généraux algériens qui a le mieux connu
la société indigène, parle des Kabyles dans son livre
Mœurs et coutumes de l'Algérie, 4e édition, p. 255 :
« Si l'on approfondit spécialement les mystères de
« la société kabyle, plus on creuse dans ce vieux
« tronc, plus, sous l'écorce musulmane, on trouve de
« sève chrétienne. On reconnaît alors que le peuple

ban de l'Afrique, mais un Liban que l'Europe a
délaissé, et d'où, peu à peu, le christianisme a
disparu, après la destruction de son sacerdoce.
Laborieux, sobres, pleins de courage, exempts
de fanatisme pour une religion imposée par de
longues violences et quatorze fois reniée par eux;
séparés des Arabes par le ressentiment de l'op-
primé contre l'oppresseur; n'ayant pas subi la
loi des Turcs ; conservant encore, dans quelques
tribus, le signe sacré de la croix, et, dans toutes,
le code, ou, comme ils disent, le canon de leurs
lois civiles, les Kabyles semblaient destinés à
notre alliance. C'est un de leurs chefs qui, dans
les premiers temps, disait ces paroles remarqua-
bles, rapportées par Bedeau : « Nos ancêtres ont
connu les chrétiens ; plusieurs étaient fils des
chrétiens, et nous sommes plus rapprochés des
Français que des Arabes (1). »

« kabyle, en partie autochtone, en partie germain
« d'origine, autrefois chrétien tout entier, ne s'est
« pas complètement transfiguré dans la religion nou-
« velle. Sous le coup du cimeterre, il a accepté le
« Koran, mais il ne l'a point embrassé ; il s'est re-
« vêtu du dogme ainsi que d'un *burnous*, mais il a
« gardé, par dessous, sa forme sociale antérieure ;
« et ce n'est pas uniquement dans les tatouages de
« sa figure qu'il étale devant nous, à son insu, le
« symbole de la Croix. »

(1) Nettement, *Histoire de la Conquête de l'Algérie*,
p. 7.

« L'Europe voit, en ce moment, une nation infortunée, déchirée par les serres de l'aigle moscovite. Selon toute apparence humaine, elle perdra son nom, sa langue, sa foi, tout ce qui constitue la vie d'un peuple. Mais si, après de longs siècles de martyre et de mort, il était donné à la Pologne de renaître à l'indépendance ; si une nation sœur, ayant la même foi, les mêmes ardeurs généreuses, revenait lui dire : « Lève-toi, et reprends le nom et la gloire de tes pères ; » est-ce que les fils des martyrs qui ont inondé le sol de leur patrie d'un sang magnanime ne tressailleraient pas à cet appel ? Est-ce que, réveillés peu à peu de la servitude, ils ne salueraient pas leurs libérateurs par des cris d'allégresse ?

« Et nous, je le dis avec tristesse, nous avons trouvé devant nous, sans la reconnaître, une autre Pologne, les restes de ce peuple qui eut pour pasteurs et pour maîtres les Cyprien, les Optat, les Augustin, les Fulgence. Nous devions, dès le premier jour, jeter à ses montagnes et à ses vallées le cri de la délivrance. Nous devions lui dire : « Afrique chrétienne, sors du tombeau. Réunis tes débris épars sur tes monts et dans tes déserts. Reprends ta place au soleil des nations, tes sœurs dans la civilisation et dans la foi ; que tes enfants, apprenant de nouveau ton histoire, sachent que nous ne venons à eux que pour leur rendre la lumière, la grandeur, l'honneur du passé !

« Cette pensée ne nous est pas venue, tant étaient grandes notre ignorance et notre insouciance du spectacle qui frappait nos regards ; tant était puissante, en quelques-uns, la haine qui poursuivait la foi jusque dans ses plus anciens souvenirs, haine infernale qui sacrifiait, qui sacrifierait encore à son impiété, pour des siècles peut-être, les intérêts de la patrie et le sang des chrétiens (1) ! »

C'est effectivement ce qui se produisit pendant près d'un demi-siècle, et cela de la part de ceux de qui, ce semble, on aurait dû le moins l'attendre.

On raconte, et le fait n'est malheureusement que trop certain, qu'un général qui commandait alors la province d'Oran, et qui était bien loin d'être le chrétien généreux, héroïque, qu'il est devenu dans la suite, écrivit, un jour, à l'Evêque d'Alger, pour lui dire qu'il ferait fusiller tout prêtre qui entreprendrait d'avoir des relations avec les indigènes. Mgr. Dupuch le tenta ; mais il paya sa tentative d'animosités sourdes qui, à la fin, le livrèrent à ses créanciers. Il dut quitter l'Algérie

____

(1) Cardinal Lavigerie. *Œuvres choisies*, p. 46, 47, 48.

poursuivi par leur haine. Sous l'épiscopat de Mgr Pavy, qui pourtant poussa sur ce point la prudence jusqu'à ses limites extrêmes, le vénérable supérieur du Grand Séminaire d'Alger, M. l'Abbé Girard, fut menacé de poursuites par la justice, pour avoir recueilli, dans les rues, quelques pauvres orphelins arabes. On transforma l'acte de charité de ce vénérable vieillard en délit justiciable des lois, sous le nom de détournement de mineurs. On ferma, de force, son refuge, on le menaça de l'exil. Le prétexte à ces rigueurs était toujours le même : on prétendait qu'en parlant de religion aux indigènes, on surexciterait leur fanatisme et on les porterait à l'insurrection.

Comme si la Charité, seul apostolat que voulaient entreprendre les Prêtres Catholiques, pouvait porter à la révolte ceux dont ils voulaient guérir les blessures, alors qu'on les dépouillait de leurs terres, qu'on abolissait leurs lois, leurs usages, qu'on les pressurait par mille injustices. Mais c'était là le prétexte ; la vraie raison était l'absence de foi, ou, pour le redire encore, la haine de la foi, dans la génération qui suivit immédiatement la conquête.

On sait que le premier Archevêque d'Alger ne fut pas plus heureux, sous ce rapport, que ses deux prédécesseurs. Il s'en est plaint hautement lui-même, à l'occasion du conflit célèbre qu'il eut avec l'administration algérienne, à l'époque de la famine.

Ainsi, contraints par la force à renoncer au droit de l'Eglise et à celui de leur ministère, il ne resta longtemps aux évêques, aux prêtres, aux fidèles de l'Algérie d'autre arme, pour suppléer à leur impuissance, que celle de la prière.

Voici ce que nous lisons, à cet égard, dans un rapport adressé par le R. P. Ducat, S. J., directeur de l'Association de prières instituée dans ce but, à Mgr Lavigerie, à l'époque de la nomination de ce Prélat au siège épiscopal d'Alger :

« Quoi qu'on en puisse dire, Dieu a confié à la France la mission de planter de nouveau la Croix sur la terre de l'Algérie. Depuis près de 30 ans, elle a beaucoup fait, beaucoup sacrifié pour étendre et assurer sa conquête, coloniser le pays et y ramener la civilisation. Les secours de la religion sont offerts presque partout à la population européenne de toute nation, de tout culte ; mais les trois millions d'indigènes, Musulmans ou Israélites, sont laissés, sont entretenus dans leurs erreurs. Quelques essais de conversions ont été cependant tentés, plus ou moins isolément ; ils ont à peu près tous échoué. On a prié, on prie encore, il est vrai, mais ces prières semblent n'être pas assez universelles, pas assez résistantes, pas assez persévérantes. On regarde généralement les Musulmans comme une race maudite ; le découragement et l'indifférence rendent les Chrétiens comme insensibles à la perte de tant d'âmes, pour lesquelles Notre-Seigneur est mort pourtant, aussi bien que pour nous et pour tant d'infidèles dont le sort intéresse davantage les personnes pieuses.

« L'abandon de ces pauvres Musulmans, et particulièrement de ceux de l'Algérie, devenus presque Français par la conquête, a donc inspiré la pensée d'une *Association de prières* pour demander à la Très Sainte Trinité, par les mérites du Sacré Cœur de Jésus, et l'intercession du Cœur Immaculé de Marie, celle des saints Anges et des Saints de l'Afrique, de hâter le moment où cette terre, depuis si longtemps desséchée et couverte d'épines, ensevelie dans les ténèbres de l'infidélité, se laissera enfin pénétrer par la rosée de la grâce, défricher par les travaux apostoliques, et éclairer par la lumière qui illumine tout homme venant en ce monde, Jésus-Christ Notre-Seigneur, en qui seul est le salut, et à qui soit la gloire, comme Fils unique du Père, en l'unité du Saint-Esprit, dans tous les siècles. *Amen.*

« Quant à l'organisation de cette Association, un plan avait été conçu par un Père de la Compagnie de Jésus, au moment où il était rappelé momentanément de Constantine en France, en novembre 1857. Tandis que ses Supérieurs, en Afrique, s'occupaient à examiner ce plan d'association, ils apprirent que M. le Curé de Notre-Dame des Victoires d'Alger (1) avait eu, comme lui, la pensée d'attirer sur les indigènes les plus abondantes bénédictions célestes par la prière, et que, désirant attirer l'attention du Souverain Pontife sur ce point, il avait fait, depuis peu, le voyage de Rome. Le Saint-Père entra parfaitement dans ses intentions. Il répondit avec vivacité qu'il faut, contre l'Islamisme, une *croisade de prières*.

«Mgr Pavy, à qui on fit connaître ces détails, en accepta complètement la pensée et constitua, à la fin de janvier 1858, une Archiconfrérie, dont il voulut placer le centre dans l'église qu'il avait commencée en l'honneur de Notre-Dame d'Afrique. »

Elle y fut canoniquement installée en 1858, par Ordonnance épiscopale du 31 mars. Cette Ordonnance est ainsi conçue :

ARTICLE PREMIER. — Afin de répondre au besoin et aux vœux du sacerdoce et à ceux des pieux fidèles, il est formé, sous la présidence de

(1) C'était alors M. l'abbé Le Mauff.

Mgr l'Evêque d'Alger, une ASSOCIATION de prières dont le but général est la conversion des *quatre-vingt-dix millions* de Musulmans qui sont répandus dans la Turquie d'Europe, en Asie et en Afrique, et le but particulier, la conversion des *deux millions cinq cent mille* qui peuplent l'Algérie. C'est par le Cœur immaculé de Marie qu'on se propose d'arriver au divin Cœur de Jésus, pour en obtenir cette grâce incomparable qui serait, en même temps, l'honneur et la joie de l'Eglise.

ART. 2. — Le centre de l'Association est dans la chapelle provisoire de Notre-Dame d'Afrique, auprès d'Alger. Il sera transporté dans la chapelle définitive du même nom, lorsque la construction de celle-ci sera achevée.

ART. 3. — L'Association ouvre ses rangs non seulement aux Fidèles du diocèse d'Alger, mais encore à tout ce qu'il y a d'âmes zélées dans la catholicité. Un registre général est ouvert au Secrétariat de l'Evêché d'Alger.

ART. 4. — Chaque Associé fera inscrire son nom sur le registre de l'Association ; cette inscription est de rigueur pour avoir part aux grâces spirituelles de l'Œuvre.

ART. 5. — Chaque Associé récitera, tous les jours, un *Pater*, un *Ave* et un *Gloria Patri*, et l'invocation qui suit : *Cœur immaculé de Marie, priez pour nous et pour les pauvres infidèles !*

ART. 6: — On conseille aux Associés de faire, à l'intention de l'Œuvre, la Communion du premier vendredi ou celle du premier dimanche du mois.

ART. 7. — Tous les samedis, à huit heures, Mgr l'Evêque d'Alger ou, en cas d'absence ou d'impossibilité, un prêtie offre à l'autel de Notre-Dame d'Afrique le Saint-Sacrifice, pour la fin de l'Œuvre et pour les membres de l'Association. Les Associés sont invités à s'unir d'intention à cette action sacrée, et ceux d'Alger à y assister.

ART. 8. — La fête principale de l'Association est celle du Cœur Immaculé de Marie qui, dans le diocèse d'Alger, se célèbre après l'Assomption.

ART. 9. — Il est établi à Alger, sous la présidence de Monseigneur, une Direction de l'Œuvre.

La direction de l'Œuvre se compose d'un directeur, de trois conseillers, d'un trésorier et d'un secrétaire.

ART. 10. — On ose espérer que, dans chaque diocèse, NN. SS. les Evêques voudront bien autoriser un prêtre à devenir le correspondant de l'Association. Le correspondant inscrirait les associés, recevrait leurs dons, s'ils en offrent, et communiquerait avec la Direction d'Alger.

ART. 11. — On espère obtenir prochainement, pour cette Œuvre, l'approbation du Saint-Siège, et de précieuses indulgences pour les Associés.

ART. 12. — Aucune contribution en argent n'est exigée pour faire partie de l'Œuvre ; les dons volontaires seront employés à la construction de la chapelle de Notre-Dame d'Afrique, centre définitif de l'Association. On peut adresser directement ses offrandes au Secrétariat de l'Evêché d'Alger.

Alger, le 31 mai 1858.

LOUIS-ANTOINE-AUGUSTIN,
Evêque d'Alger.

L'appel ainsi adressé à la foi et à la piété des catholiques fut entendu.

La pieuse Association commença à recruter ses premiers soldats, et, en quelques jours, la ville de Besançon fournit à elle seule plus de 3.000 membres. Bientôt elle trouva des adhérents dans l'Ardèche, la Drôme, la Haute-Loire, la Loire, le Rhône, et dans bien d'autres régions de la France, de telle sorte qu'au 15 octobre 1858,

le total des listes reçues porte à environ *dix mille*
le nombre des Associés.

De nouvelles listes arrivèrent de toutes parts,
grâce au zèle des directeurs et des premiers con-
frères; et, au commencement du mois d'août 1859,
on comptait vingt mille associés, répartis dans
vingt-deux diocèses de France et de l'étranger.
Bon nombre de communautés religieuses voulurent aussi entrer dans les rangs de l'Association, telles que les Sœurs de la Doctrine Chrétienne, les Religieux et les Religieuses Trinitaires, les Sœurs du Bon-Secours et celles du
Saint-Cœur de Marie. Des listes arrivèrent de la
Mission de Siam, de l'Allemagne et de la Suisse.
Toutes ces nouvelles adhésions portèrent le nombre des pieux soldats de cette croisade spirituelle
à vingt-sept mille, après deux ans d'organisation
régulière.

Les années suivantes ne furent pas moins fé-
condes. Les rangs des associés grossirent dans
des proportions vraiment étonnantes. La Confrérie fut recommandée aux principaux sanctuaires
de Marie, et de nouvelles congrégations religieuses voulurent en faire partie. Des archiconfréries
déjà existantes accordèrent l'union spéciale de
prières, entre autres l'Archiconfrérie de Notre-
Dame des Victoires de Paris, celle de Notre-Dame
de la Salette, le Rosaire-Vivant, l'Association du

Précieüx-Sang, établie à l'Oratoire de Londres, l'Apostolat de la Prière, l'Association de la Trappe d'Aiguebelle, celle de la Grâce-Dieu, de Notre-Dame de la Première Communion. Dès 1863, la pieuse croisade de piété comptait soixante mille soldats.

Le mouvement, gagnant de proche en proche, finit par atteindre le nombre de quatre-vingt mille membres, réunis dans un même sentiment de foi et de charité, adressant, tous les jours, au Seigneur, par l'entremise de Marie, une prière d'autant plus puissante, qu'elle était inspirée, uniquement, par le zèle de la gloire de Dieu et du salut des âmes.

C'est pour eux que fut composée spécialement la prière suivante.

Une indulgence de cent jours est attachée à sa récitation :

Prière à Notre-Dame-d'Afrique
pour la conversion des Musulmans

O Cœur saint et immaculé de Marie, si plein de miséricorde, soyez touché de l'aveuglement et de la profonde misère des pauvres Musulmans. Vous, la Mère de Dieu fait homme, obtenez-leur la connaissance de notre Sainte Religion, la grâce de l'embrasser et de la pratiquer fidèlement, afin que, par votre puissante intercession, nous soyons tous réunis dans la même foi, la même espérance et dans le même amour de votre divin Fils, Notre-Seigneur Jésus-Christ, qui a été crucifié et qui est mort pour le salut de tous les hommes, et qui, ressuscité plein de gloire, règne en l'unité du Père et du Saint-Esprit, dans les siècles des siècles. Ainsi soit-il.

O Notre-Dame d'Afrique, priez pour nous et pour les Musulmans.

Ainsi soit-il.

L'église de Notre-Dame d'Afrique devait voir bientôt le fruit de ces premières supplications. C'est auprès de son sanctuaire, et dans ses dépendances mêmes, c'est-à-dire dans l'ancienne maison Ferraton, aussi bien qu'au Petit-Séminaire de Saint-Eugène, que furent recueillis, en 1867, les premiers orphelins de la famine. C'est dans la Basilique que furent baptisés, dix ans après, les premiers d'entre eux qui se firent chrétiens. Mais surtout, et c'est là que sembla se manifester la sollicitude maternelle de Marie, non plus seulement pour les infidèles de l'Algérie, mais encore pour ceux de l'Afrique entière, c'est là que prit naissance, à l'ombre du sanctuaire de Marie, la Société des Missionnaires d'Alger. C'est devant l'autel de Notre-Dame d'Afrique que les premiers Pères de la Société prirent leur habit nouveau et prononcèrent leurs premiers serments. Mgr Lavigerie présidait la cérémonie. Il parla longtemps à ces jeunes apôtres de leur mission sublime, il les plaça d'une manière toute particulière sous la protection de la Mère de Dieu. Il voulut que mention spéciale fût faite de cette sorte de consécration, en tête de leurs règles, qui commencent ainsi :

« Cette Société a été fondée à Alger, en 1868, par Son Eminence le Cardinal Charles-Martial Allemand-Lavigerie, Archevêque d'Alger et Délégué Apostolique, qui lui a donné, en la fondant, les Constitutions et Règles suivantes :

« La Société des Missionnaires de Notre-Dame d'Afrique est destinée à exercer son ministère dans toutes les Missions de l'Afrique où ses membres seront envoyés par le Saint-Siège, ou appelés par les Ordinaires. En dehors de l'Afrique, elle pourra avoir des maisons d'éducation dans l'intérêt de ses œuvres, des Procures, ou la garde de quelque sanctuaire plus illustre ; mais elle ne devra point, sans l'ordre exprès du Saint-Siège, y faire de missions proprement dites.

« La Société s'est mise, dès son origine, sous la protection maternelle de Notre-Dame d'Afrique, et c'est de là qu'elle prend son nom. »

Mgr l'Archevêque ne s'en tint pas là : après le départ des PP. Prémontrés qui, au premier moment, avaient desservi le Sanctuaire, il voulut en confier la garde à la Société naissante de ses Missionnaires. Le Pèlerinage de Notre-Dame d'Afrique est ainsi devenu comme le centre d'où sont parties les légions d'apôtres qui évangélisent maintenant les contrées, jusque-là inaccessibles, de l'Afrique Equatoriale.

Plus d'une fois, le pieux Sanctuaire a donc été le témoin des adieux solennels adressés par leurs frères, et par tout le peuple fidèle, aux Apôtres qui partaient pour ces régions lointaines. Nulle part on ne voit de cérémonies plus émouvantes, on n'entend de plus touchantes paroles.

« Dimanche, 10 octobre dernier, lisons-nous, par exemple, dans le *Bulletin* de janvier 1881, avait lieu, dans la Basilique de Notre-Dame d'Afrique, la cérémonie des adieux de quinze Missionnaires d'Alger, partant pour l'Equateur. Le clergé et les fidèles s'y étaient rendus en très-grand nombre, et l'église était trop étroite pour contenir la foule.

« Après les vêpres, Mgr Lavigerie voulut, comme il le dit lui-même, malgré les larmes qui remplissaient ses yeux, adresser quelques paroles à ses fils et au peuple venu pour leur baiser les pieds :

« Oui, à Dieu, disait-il, mes Fils bien-aimés, et à Notre-Dame d'Afrique, votre protectrice et votre mère, nous confions vos corps et vos âmes, et vos travaux et vos espérances. Une providence paternelle veillera sur vous. Elle vous guidera sur l'immensité des mers ; elle rafraîchira vos âmes sous les ardeurs d'un ciel nouveau; elle soutiendra votre courage; elle vous préparera les récompenses promises à ses serviteurs.

« Et qu'allez-vous faire, en effet, sinon servir les desseins de sa miséricorde sur des peuples infortunés ?

« Le monde entier a entendu la bonne nouvelle. Seules, les contrées barbares de l'Afrique ne l'avaient pas entendue. Mais, voici que toutes les nations chrétiennes se sont liguées, comme à l'envi, pour ouvrir les portes de la barbarie, jusque-là tristement fermées. L'Amérique les précède, l'Amérique, depuis trois siècles, cause de tant de maux pour les noirs. L'Angleterre, l'Allemagne, l'Italie, la Belgique suivent la même voie. De toutes parts, de hardis conquérants pénètrent dans les profondeurs inconnues où les richesses de la nature ne servent qu'à mieux faire ressortir les plus profondes misères de l'humanité. L'Eglise, seule, restera-t-elle en arrière ? Non ! Déjà ses apôtres ont assiégé les côtes africaines : le Gabon, la Guinée, le Cap, les rivages du Zanguebar, le Zambèze ont reçu les envoyés de Dieu. Mais l'intérieur reste encore inaccessible. Les voici qui viennent, ces conquérants pacifiques ! Déjà l'Egypte leur prépare un passage sur le cours mystérieux du Nil. Mais qui sont ceux qui volent comme des nuées, entraînés par les vents rapides ? Zanzibar, tu les as vus s'enfoncer dans les plaines brûlantes, franchir les montagnes inhospitalières qui s'élèvent en face de tes rivages ; tu vas les voir encore, n'ayant pour armes que leur croix, pour ambition que de porter la vie dans cet empire de la mort.

« Ces envoyés de Dieu, ils sont là, sous vos yeux, prêts à partir pour suivre la voix du Sauveur, pour répandre au loin ses bienfaits.

« Où ces bienfaits furent-ils plus nécessaires ? Où l'ignorance, la misère, la cruauté, la perfidie, l'oubli de toutes les lois divines et humaines firent-elles jamais plus de victimes ? Ecoutez, M. T. C. F., et vous comprendrez de quelles sympathies est digne la mission de ces apôtres, et quel dessein magnanime leur âme a formé.

« De tous les points de l'immense continent qui s'étend des limites de notre France africaine aux provinces anglaises du Cap, s'élève, depuis des siècles, un long cri de douleur, où se rencontrent et se mêlent les souffrances les plus cruelles de l'humanité : des mères, à qui des ravisseurs farouches arrachent leurs enfants pour les conduire à la servitude et qui, comme Rachel, font entendre leurs inconsolables gémissements ; des peuplades paisibles, surprises la nuit, dans leur sommeil, et qui voient mettre en feu leurs demeures, massacrer tout ce qui résiste, et traîner le reste sur les marchés où l'homme se vend comme un bétail ; de longues troupes de captifs, hommes, femmes, enfants, succombent à la faim, à la soif, au désespoir, agonisant lentement dans les déserts, lorsqu'on les abandonne, déjà à demi-morts, pour épargner leur maigre nourriture, ou tombant sous les coups du maître, lorsqu'il veut un exemple pour terrifier le troupeau qui est devenu sa proie ; des créatures humaines, livrées sans défense à la rage et à la débauche ; les routes intérieures de l'Afrique, bordées d'ossements blanchis, de telle sorte que, si on les perdait jamais, on les retrouverait, comme on l'a dit,

par les tristes restes qui les couvrent ; et tout
cela, multiplié, chaque jour, par l'avarice, par
la vengeance, par les guerres ; chaque année,
plus d'un million d'hommes subissant ce sort
effroyable, et dans des conditions telles, que l'un
des témoins de cette traite infâme a pu dire que
l'on accumulerait toutes les horreurs, toutes les
souffrances, sans jamais arriver à la vérité,
lorsqu'il s'agit de l'esclavage.

« J'ai vu les tristes victimes de ce commerce
impie. J'ai entendu, de leur bouche, les récits
de leurs maux. J'ai entendu les enfants raconter, avec la simplicité de leur âge, qui augmentait encore notre effroi, la mort sanglante de
leurs pères, et les tortures de leurs voyages à
travers les régions brûlées par le soleil. J'en ai
vu qui, longtemps encore durant leur sommeil,
assistant en rêve à ces scènes impies, se réveil-
laient avec de longs cris de terreur !

« Ce qu'il faut donc, c'est faire comprendre à
ces populations, hélas ! dégradées, l'impiété de
leur erreur ; c'est leur apprendre que l'homme
est le frère de l'homme ; que Dieu, en le créant,
lui a donné la liberté de son âme et la liberté de
son corps ; que Jésus-Christ les lui a rendues,
lorsque le monde était courbé dans un universel
esclavage, et qu'il n'a pas cru acheter trop cher

la restauration de cette liberté sainte en la payant au prix de son sang.

« Allez, ô mes fils, allez leur enseigner cette doctrine. Dites-leur que ce Jésus, dont vous leur montrerez la croix, est mort sur elle pour apporter toutes les libertés au monde, la liberté des âmes contre le joug du mal, la liberté des peuples contre le joug de la tyrannie, la liberté du corps contre le joug de l'esclavage !

« C'est cette liberté que Saint Paul proclamait dans Rome où régnait Néron, et où deux millions d'esclaves étaient dans les fers : « Il n'y a plus parmi vous, disait-il, ni Grecs, ni Barbares, ni esclaves, ni citoyens ; vous êtes tous frères, vous êtes tous libres de la liberté que vous tenez du Christ. »

« Vous la proclamerez, à la suite du grand Apôtre, au milieu de tant de peuples courbés sous le joug, la Sainte Liberté qui vient de Jésus-Christ. Votre voix retentira comme un tonnerre, ou plutôt elle fera lever, dans ces ténèbres sanglantes, l'espérance et l'amour.

« Oh ! qu'ils seront beaux, pour les enfants des Noirs, ces pieds qui descendent de leurs montagnes, meurtris des blessures du chemin et couverts de sa poussière, pour leur assurer enfin la paix ! Oh ! qu'ils sont beaux, aux yeux des chrétiens, ces pieds que l'amour porte au

martyre, ces pieds qui se livrent eux-mêmes
pour le rachat des victimes de tant de douleurs;
et avec quel respect, M. T. C. F., nous les
devons embrasser, ce soir .

« Adieu, mes chers Fils, adieu, vous qui êtes
l'honneur le plus pur de mon ministère et de
l'Église Africaine renaissante. Il faut partir.
Dieu vous parle par la voix de Pierre. Pierre,
captif dans la personne de Léon, prépare ainsi
le dernier coup à l'esclavage moderne, du sein
de cette Rome où Paul, prisonnier, portait le
premier coup à l'antique servitude.

« Comment mes bénédictions paternelles ne
vous suivraient-elles pas pour une si grande
œuvre !

« Oui, je vous bénis, au nom de la foi dont
vous allez étendre l'empire ; au nom de la charité qui, par vos mains, doit guérir tant de blessures ; au nom de la liberté sainte qui va prêcher, par vos lèvres, la fin de leurs maux aux
victimes de tant d'horreurs ; au nom de la
lumière que vous allez porter dans ces ténèbres ;
et, pour tout renfermer dans le nom qui résume
et qui sanctifie toutes ces grandes choses, je
vous bénis au nom de Jésus-Christ, votre maître
et le mien ; car Jésus-Christ est la foi, la charité, la liberté, la lumière, tous ces biens que les
hommes cherchent avec tant d'ardeur et qu'ils

ne trouvent pas, parce qu'ils les cherchent en dehors de Lui !

« Il est raconté, dans les *Actes des Martyrs*, qu'un pontife, courbé sous le poids des ans, marchait généreusement au supplice, et que Laurent, son diacre, le suivait au milieu des bourreaux, en lui disant avec larmes : « Où allez-vous, mon Père, sans votre fils ? Où allez-vous, ô pontife, sans votre diacre ? Est-ce que vous n'avez pas accoutumé de m'avoir pour ministre du sacrifice ? »

« Hélas ! vous n'entendez, ce soir, rien de semblable, M. T.-C. F. Je reste attaché au rivage, tandis que mes fils vont affronter les tempêtes. Je ne leur donne que ces froides paroles, et ce sont eux, par un renversement dont je m'humilie, qui me donnent l'exemple de leur intrépide vertu ! « Où allez-vous, mes Enfants, sans votre Père ? Où allez-vous, prêtres, sans votre Pontife ? Vous offrirez le sacrifice, et seul le sacrificateur manquera à l'autel, où votre sang viendra peut-être se mêler au sang de l'Agneau ! »

« Dieu ne m'a pas jugé digne d'un tel honneur ! Il a considéré la générosité de votre vie, il a vu les fautes de ma longue carrière chargée de si redoutables devoirs, et son jugement nous a séparés !

« Du moins, tant qu'il me laissera sur la terre, je veillerai de loin sur vous, pour vous procurer,

sans reculer devant les amertumes que vous
connaissez, le pain de chaque jour ; et vous, en
retour, vous m'obtiendrez, par vos suffrages,
comme les confesseurs des premiers temps, l'indulgence et la paix ! Ainsi soit-il. »

« Après ce discours, le pontife, revêtu de ses
ornements, alla le premier se prosterner devant
ses fils, et leur baisa les pieds. A ce moment, le
chœur a chanté le psaume *In exitu Israël de
Egypto*.

« Mgr Dusserre, Archevêque de Damas *in par-
tibus*, le Clergé, les Pères de la Mission avec les
novices et les scolastiques, les Pères et les enfants de l'Ecole Apostolique, enfin tous les fidèles présents, eurent la consolation de donner
aux nouveaux Apôtres ce même témoignage de
vénération et de respect, pour un si admirable
courage. »

Mais les départs de Missionnaires sont assez
rares, tandis que la prière adressée pour le succès de leur apostolat est perpétuelle à Notre-
Dame d'Afrique. On a vu, tout à l'heure, celle
que Mgr Pavy avait approuvée pour l'Association fondée par lui. Voici celle que Mgr Lavigerie
a éditée pour les Missionnaires qui desservaient
le Pèlerinage et pour tous les fidèles qui se joi-
gnent à eux. Il a également attaché à la récitation de cette prière cent jours d'indulgence.

Prière à Notre-Dame d'Afrique pour la conversion des Musulmans et des autres Infidèles de l'Afrique.

Notre-Dame d'Afrique, vous dont le Cœur Immaculé est si plein de miséricorde et de compassion maternelle, soyez touchée de la profonde misère des Musulmans et des autres infidèles de l'Afrique.

Souvenez-vous que les âmes de ces pauvres infidèles sont l'ouvrage des mains de Votre divin Fils, qu'elles ont été créées à son image et rachetées au prix de son précieux sang.

Ne souffrez pas, O Mère de Miséricorde, que ces infortunées créatures, qui sont vos enfants comme nous, continuent à tomber en enfer, au mépris des mérites de Jésus-Christ et de la très-cruelle mort qu'il a soufferte pour leur salut.

Obtenez-leur la connaissance de notre Sainte Religion, la grâce de l'aimer, de l'embrasser et de la pratiquer fidèlement.

Et puisque vous êtes la Dame et la Souveraine de l'Afrique, O Reine des Apôtres, daignez choisir et envoyer dans ces régions abandonnées des légions de saints Missionnaires, pour en faire la conquête, les arracher à la mort et à Satan, et les amener dans le bercail de la Sainte Eglise. Nous serons tous ainsi réunis par la même foi, la même espérance et le même amour dans votre Cœur sans tâche, et dans le Cœur adorable de Votre divin Fils, Notre-Seigneur Jésus-Christ, crucifié et mort pour le salut de tous les hommes, et qui, ressuscité plein de gloire, règne en l'unité du Père et du Saint-Esprit, dans les siècles des siècles. Ainsi soit-il.

Notre-Dame d'Afrique, priez pour les Musulmans et pour les autres infidèles de l'Afrique.

Les Missionnaires Pères Blancs, ayant dû abandonner aux prêtres du diocèse le service de la Basilique, et les événements de ces dernières vingt-cinq années ayant attiré d'un autre côté les efforts du clergé frappé par la loi de Séparation, la prière se fit moins unanime à Notre-Dame d'Afrique, pour la conversion des Musulmans, malgré le zèle des aumôniers, parmi lesquels M. le Chanoine Finateu a laissé un souvenir ineffaçable. (1)

C'est pourquoi Mgr Leynaud a rétabli canoniquement l'Association de prières, par une Lettre Pastorale, datée du 6 janvier 1923, dans laquelle, après avoir rappelé la mission chrétienne de la France en Algérie et dit ce qu'il y aurait à

---

(1) Son corps repose dans la basilique, devant la chapelle de Saint-Augustin.

faire pour hâter et réaliser l'assimilation si désirable des indigènes, il ajoute :

« On ne prie plus, ou l'on prie d'une manière trop vague pour la conversion des infidèles...

« L'Association de prières elle-même, fondée par Mgr Pavy et maintenue par Mgr Lavigerie, qu'est-elle devenue, dans notre chère Basilique de Notre-Dame d'Afrique ? Où sont ses quatre-vingt mille membres ? Hélas ! Cette Association de prières a cessé d'être agissante.

« Et cependant la Divine Mère de Jésus, visiblement attire, chaque jour davantage, aux pieds de son Divin Fils, les cœurs des musulmans qui nous entourent. Chaque jour, en effet, surtout, quand le temps est beau, un grand nombre d'indigènes, hommes, femmes, enfants, visitent la Basilique et y prient à leur manière :

— Es-tu chrétienne ? demande l'aumônier à une jeune femme, agenouillée près de la Sainte-Table.

— Non, je suis musulmane.

— Que fais-tu, là ?

— Je prie *Mériem*, pour qu'elle me trouve un mari sobre, sérieux et travailleur. »

« Un autre jour, c'est une femme qui gesticule et crie, en regardant l'image de Marie : « Je suis malade, je souffre ; il faut que *Mériem* me guérisse ! »

« A côté d'elle, un homme d'une trentaine d'années, se tient avec respect : « Je demande à Mériem la *baraka*, sa bénédiction. »

« Deux autres indigènes du Sahara sont venus voir *Mériem*, pour qu'elle fasse finir la grande sécheresse : « Tout est brûlé dans le bled, disent-ils ; pas de fruits, point d'orge ; qu'allons-nous devenir, si *Mériem* ne nous protège pas ? »

« Enfin voici un jeune indigène algérois de 12 ans : « J'ai été reçu au certificat d'études, répond-il à l'aumônier qui l'interroge, et je suis venu dire merci à Marie. »

« Chaque jour, je le répète, les mêmes exemples se renouvellent ; chaque dimanche surtout, on voit confondues, parmi les chrétiens, des musulmanes au visage voilé, qui s'approchent de l'autel de Notre-Dame d'Afrique, pour y déposer un cierge, faire leurs dévotions et écouter la parole évangélique.

« En vérité, n'y a-t-il pas, là, un indice certain de la particulière miséricorde avec laquelle la Très Sainte Vierge Marie, comme une bonne Mère, appelle à la Vérité chrétienne les chères âmes des musulmans ?

« Quand viendra l'heure désirée et bénie où ce peuple tout entier s'ébranlera définitivement pour entrer dans l'Eglise? Je l'ignore; mais je ne suis pas de ceux qui disent : « Ce sera tard, très tard », paraissant signifier, par là, qu'il y faudra des siècles et des siècles, comme si la Toute-Puissance Miséricordieuse n'était pas capable de triompher, en peu de temps, de tous les obstacles regardés comme humainement insurmontables.

« Ce mouvement de conversion se produira, et nous pouvons en hâter le jour, si nous nous mettons tous à prier avec ferveur et persévérance ; car il ne s'agit, ici, que de la plus grande gloire de Dieu et du salut des âmes, toutes rachetées par le sang de son Fils.

« C'est pour reprendre cette croisade de prières que j'ai décidé de reconstituer, en lui apportant quelques légères modifications, l'Association de prières fondée par Mgr Pavy et canoniquement érigée, à Notre-Dame d'Afrique, en 1858.

« Vous vous y ferez inscrire, Mes Très Chers Frères, avec empressement, comme l'ont déjà fait des milliers de personnes ; les catholiques de toutes les nations pourront aussi s'unir à nous, avec l'intention très recommandable de prier particulièrement pour les infidèles qui vivent à l'ombre de leur drapeau ; et, désormais fidèles à prier ensemble, tous les jours, pour la conversion des infidèles, et particulièrement des musulmans de l'Afrique, nous contribuerons à l'extension, sur la terre, du règne de Dieu : *adveniat regnum tuum !*

« A CES CAUSES, LE SAINT NOM DE DIEU INVOQUÉ, ET APRÈS EN AVOIR CONFÉRÉ AVEC LES MEMBRES DE NOTRE VÉNÉRABLE CHAPITRE MÉTROPOLITAIN, NOUS AVONS ORDONNÉ ET ORDONNONS CE QUI SUIT :

Article premier. — Afin de répondre au besoin et aux vœux du Sacerdoce et à ceux des pieux fidèles, il est formé, sous la présidence de Monseigneur l'Archevêque d'Alger, une *Association de prières*, dont le but général est la conversion des infidèles et particulièrement des musulmans de l'Afrique.

Art. 2. — Le centre de l'Association est dans la Basilique de Notre-Dame d'Afrique, près d'Alger.

Art. 3. — L'Association ouvre ses rangs non seulement aux fidèles du diocèse d'Alger et de l'Algérie tout entière, mais aussi à tout ce qu'il y a d'âmes zélées dans la catholicité. Un registre général est ouvert à la sacristie de Notre-Dame d'Afrique.

Art. 4. — Chaque Associé fera inscrire son nom sur le registre de l'Association ; cette inscription est de rigueur pour avoir part aux grâces spirituelles de l'Œuvre.

Art. 5. — Chaque Associé récitera, tous les jours, un *Ave Maria* et l'invocation qui suit : *Notre-Dame d'Afrique, priez pour nous, pour les musulmans et les autres infidèles de l'Afrique.* »

Dans toutes les églises et chapelles du diocèse d'Alger, l'*Ave Maria* et cette invocation seront récités, chaque dimanche et jour de fête, après les prières du prône ou après les annonces.

Nous recommandons aussi la prière à Notre-Dame d'Afrique, imprimée sur les images de l'Association, et nous y attachons cent jours d'indulgence. (Voir page 197).

Art. 6. — On conseille aux Associés de faire, à l'intention de l'Œuvre, une Communion mensuelle, particulièrement le samedi.

Art. 7. — Tous les samedis, à 8 heures, Monseigneur l'Archevêque d'Alger ou, en cas d'absence ou d'impossibilité, un des aumôniers ou chapelains offre, à l'autel de Notre-Dame d'Afrique, le Saint Sacrifice pour la fin de l'Œuvre et pour les membres de l'Association. Les Associés sont invités à s'unir d'intention à cette action sacrée, et, ceux d'Alger, à y assister.

Art. 8. — La fête principale de l'Association est celle de l'Épiphanie.

Art. 9. — Il est établi, à Alger, sous la présidence de Monseigneur l'Archevêque, une Direction de l'Œuvre.

La Direction de l'Œuvre se compose d'un Directeur, de trois Conseillers, d'un Trésorier et d'un Secrétaire.

Art. 10. — Monseigneur l'Archevêque ose espérer que, dans chaque diocèse, N.N. S.S. les Évêques voudront bien autoriser un prêtre à devenir le correspondant de l'Association. Le correspondant inscrirait les Associés, recevrait leurs dons, s'ils en offrent, et communiquerait avec la Direction d'Alger.

Art. 11. — Aucune contribution en argent n'est exigée pour faire partie de l'Œuvre ; les dons volontaires seront employés à la décoration de la basilique de Notre-Dame d'Afrique, centre définitif de l'Association, et aux besoins des Missions Africaines. On peut adresser directement ses offrandes au Secrétariat de l'Archevêché d'Alger.

Et seront Notre Lettre Pastorale et le Mandement qui la suit lus et publiés, dans toutes les églises et chapelles de Notre diocèse, le dimanche qui en suivra la réception.

Donné à Alger, sous Notre seing, le sceau de Nos armes et le contre-seing de Notre Vicaire

Général Chancelier, le 6 janvier 1923, en la fête de l'Epiphanie de Notre Seigneur Jésus-Christ.

AUGUSTIN-FERNAND

Archevêque d'Alger.

Par mandement :

Gustave TEULLIÈRES,
Vicaire général, Chancelier.

Reposoir de la Fête-Dieu adossé à la chapelle provisoire

CHAPITRE SECOND

NOTRE-DAME D'AFRIQUE CONSOLATRICE DES AFFLIGÉS

Sommaire

Huit mille ex-voto offerts au Sanctuaire depuis l'origine du pèlerinage. — Leur signification. — Autel de Sainte Monique, offert en témoignage de reconnaissance par une pieuse mère. — Inscriptions sur marbre dans la chapelle. — Les processions d'Alger transférées à N.-D. d'Afrique. — Lettre de Mgr Lavigerie. — Confrérie de N.-D. d'Afrique, Consolatrice des affligés. — Son Règlement.

Le nombre des *ex-voto* qui tapissent, en ce moment, la Basilique de Notre-Dame d'Afrique, dépasse trois mille huit cents, et plus de huit mille y ont été portés, depuis la fondation du Pèlerinage.

Rien n'est plus touchant que ces manifestations d'une foi simple et souvent naïve, et rien ne montre, non plus, davantage, quelle source de bénédictions et de consolations les affligés trouvent aux pieds de Marie.

« Parcourez son sanctuaire, dit S. E. le Cardinal Lavigerie, les murs sont tapissés des témoi-

gnages de la reconnaissance, et tous ces témoignages portent le cachet de la foi. Ici, ce sont
de pauvres béquilles laissées par des malades
qui ont obtenu leur guérison. Là, des navires
suspendus aux voûtes par des marins échappés
au naufrage, après avoir invoqué l'Etoile de la
mer. Plus loin, les tableaux où ne brille pas
l'art du peintre, mais où la reconnaissance d'une
mère a voulu conserver le souvenir d'un grand
péril dont elle a prié Marie de préserver des
êtres bien-aimés ; des cœurs, symboles d'amour
filial ; des ancres, images d'espérance ; des
fleurs ; des chevelures ; des marbres portant des
inscriptions avec la date de la faveur obtenue ;
à côté, des cierges sans nombre qui brûlent
comme une prière qui se continue, ou comme
une action de grâces. Nulle part, la recherche,
l'esprit, l'art, la science ; mais partout, ce qui
vaut mieux encore, la preuve que là des âmes
fidèles ont prié, ont espéré, ont été consolées !
Quels monuments de la gloire humaine valent ces
humbles monuments de la piété ? Les premiers
n'ont le plus souvent fait verser que des larmes
et n'alimentent que l'orgueil ; ceux-ci témoignent,
au contraire, que les larmes ont cessé de couler,
et que de pauvres créatures humaines ont été
guéries, après s'être humiliées aux pieds de
Dieu.

« Aussi, M. T.-C. F., je vous le dirai avec simplicité, dût ma simplicité m'attirer le sourire de l'impie, ai-je résisté à ceux qui, sous prétexte d'art ou de convenances, voulaient faire enlever du Sanctuaire de Notre-Dame d'Afrique les ex-voto qui le couvrent. Ils ne sont pas favorables à l'architecture, je le reconnais ; ils sont pauvres, je le reconnais encore ; quelques-uns même sont si simples qu'ils peuvent exciter un moment la surprise ; mais qu'importe tout cela ? Chacun de ces ex-voto est une prière, chacune de ces images est consacrée par les larmes de la reconnaissance ou de la douleur, chacun de ces cierges qui brûlent dans le silence est un cri d'amour, de consolation, d'espérance ! Par quoi pourrait-on remplacer une si sainte parure, et quel est l'artiste qui ornerait mieux le Temple de Marie que le cœur du pauvre avec les inspirations de sa foi ? » (1).

Le sanctuaire de Notre-Dame d'Afrique est donc, chaque jour, le témoin des consolations qu'apporte à toutes les douleurs la protection de Marie, lorsqu'on l'invoque avec confiance. Chaque jour, de nouveaux monuments de reconnaissance, pauvres la plupart, comme ceux qui les

______

(1) Mandement du 1er mars 1876, p. 67.

offrent, viennent s'ajouter à ceux qui couvraient ses murs, en si grand nombre.

Parmi eux s'en rencontrent, il est vrai, de magnifiques : par exemple, l'autel de Sainte Monique, donné par une main noble et généreuse.

C'est celle d'une pieuse mère.

Elle était venue conduire sur la terre d'Afrique un fils atteint d'un mal qui ne pardonne pas, espérant y trouver un soulagement pour ses souffrances, et peut-être un prolongement pour sa vie. Mais après un mieux rapide, le pauvre enfant retomba dans son premier état, et bientôt il fut évident qu'il ne s'en relèverait point.

Alors, ce qui tourmenta la mère chrétienne, ce fut la pensée de l'âme de son fils, plus encore que celle de sa mort prochaine. Il avait été pieux toute sa vie, mais, depuis sa maladie, par suite d'une tentation terrible que lui donna son mal cruel, contre la bonté de Dieu, il ne pratiquait plus.

C'était le désespoir de la mère et de la sœur du jeune malade. Elles montèrent à la Basilique pour supplier Marie d'avoir pitié de l'âme de leur cher mourant, et de ne pas permettre qu'il terminât sa vie sans se rapprocher de Dieu et recevoir pieusement les Sacrements de l'Eglise. En sortant du sanctuaire, elles allèrent trouver Mgr Lavigerie qui les reçut avec toutes les marques d'une sympathie douloureuse, et qui, voyant leurs larmes, leur dit : « Vous êtes sur la terre de Sainte Monique, et c'est un vieil Evêque africain qui vous dit, comme ce vieil Evêque d'autrefois à la mère d'Augustin : Ayez confiance, l'âme de votre fils ne périra point. »

Elles s'en allèrent, laissant aux pieds de Marie un témoignage de leur confiance dans les cierges qui brûlaient devant son autel. Cette confiance fut exaucée. Trois jours avant de mourir, et dans sa pleine connaissance, le jeune homme demanda, de lui-même, à se confesser et à recevoir les Sacrements. Il les reçut dans des sentiments qui touchèrent jusqu'au fond de l'âme le prêtre qui les lui administra, et il mourut comme un saint. Mgr Lavigerie, qui avait été le témoin des angoisses de la mère, tint à honorer lui-même de sa présence les funérailles du fils. Il s'y rendit sans y être attendu ; il raconta cette touchante histoire. Il alla porter ensuite à la mère ses consolations paternelles.

Celle-ci, en femme forte et chrétienne, ne songeait plus, au milieu de sa profonde douleur, qu'à remercier la Consolatrice des affligés de la joie suprême qu'Elle avait accordée à sa foi.

Elle voulut en immortaliser le souvenir. Par ses soins et à ses frais, un autel dédié à Sainte Monique fut élevé, à droite de l'autel de

N.-D. d'Afrique, comme pour rappeler la promesse que lui avait faite, au nom de Marie, le vénérable Archevêque, en lui disant que son fils serait l'Augustin d'une autre Monique.

Un reliquaire, placé sur l'autel, contient des reliques insignes de cette grande Sainte. Au-dessus est suspendu un cœur d'or dans lequel les mères chrétiennes, inquiètes de l'avenir de leur fils, font souvent enfermer les noms de ceux-ci. Chaque jour, une prière est faite, dans la Basilique, pour ceux qui se trouvent ainsi placés sous la double protection de Notre-Dame d'Afrique et de la mère de Saint Augustin.

Après la messe, le prêtre, agenouillé sur les marches de l'autel, récite la prière suivante :

« Sainte Monique, qui avez obtenu par vos larmes et par vos prières la conversion d'Augustin, priez pour toutes les mères qui vous invoquent ; priez aussi pour l'Afrique, votre patrie. « Ainsi soit-il. »

A côté de ce beau monument de reconnaissance et de piété, il s'en trouve d'autres, d'un caractère plus modeste. Ce sont les innombrables inscriptions sur marbre placées dans l'église.

Puisque nous parlons des consolations que les fidèles ont trouvées aux pieds de Notre-Dame d'Afrique, nous devons dire, au moins, un mot de la manière dont le Pèlerinage est devenu, dans des circonstances douloureuses et difficiles, comme un lieu de refuge pour le culte catholique à Alger.

Autrefois, et dès l'époque de l'établissement de l'Evêché, les manifestations extérieures de la religion étaient absolument libres à Alger, et elles y avaient un éclat extraordinaire. C'était, de la part du Clergé, un acte de foi, et comme une manifestation d'espérance du retour au christianisme des populations indigènes ; de la part des autorités, qui honoraient ces cérémonies de leur présence, un acte de sage politique ; car, ainsi que nous l'avons dit, au chapitre précédent, rien n'est plus odieux, aux yeux des musulmans, qu'un peuple sans foi, et, au contraire, rien ne leur inspire plus de confiance que le respect pour Celui qu'ils regardent avec raison, comme pouvant seul former et maintenir l'homme vraiment digne de ce nom.

Malheureusement, ces pensées et l'intérêt même de la France durent céder à l'explosion de fanatisme antireligieux qui se montra, en Algérie, après les tristes événements de 1870. On s'attacha à rendre impossible tout acte du culte chrétien dans les villes de la colonie, particulièrement à Alger, et, en 1872, la municipalité refusa d'autoriser les processions de la Fête-Dieu.

La surprise et la tristesse de tous les vrais catholiques furent extrêmes. Depuis de longues années, ils étaient accoutumés à prendre part à cette procession, l'une des plus belles, à coup sûr, du monde entier.

Ce fut alors que Mgr l'Archevêque d'Alger eut la pensée de transporter à Notre-Dame d'Afrique la célébration solennelle de la fête du Saint-Sacrement. On a vu, au chapitre où il est parlé de la création du Pèlerinage par Mgr Pavy, que ce prélat avait acheté le terrain sur lequel est construite la Basilique et celui qui l'entoure immédiatement. Mgr Lavigerie, trouvant que le culte extérieur et les Missionnaires qui desservent le sanctuaire y seraient trop à l'étroit, avait acheté successivement, comme nous l'avons également mentionné, deux vastes terrains de plusieurs hectares qui forment un enclos considérable. C'est là qu'il résolut de transférer la procession du *Corpus Domini*, aux pieds, pour ainsi dire, de Notre-Dame Consolatrice.

Le vénérable prélat s'en explique dans la lettre qu'il adressa, à cette occasion, au Clergé et aux fidèles, et dont voici les principaux passages :

« Alger, le 30 mai 1872.

« Monsieur le Curé,

« Conformément à un usage qui date de la conquête, la procession du Très-Saint Sacrement se faisait, chaque année, à Alger.

« Une raison de haute politique nationale et chrétienne avait fait établir officiellement cette cérémonie, alors même que le nombre des catholiques était encore minime et que les musulmans, au contraire, composaient la presque universalité de la population.

« Rien n'était plus solennel, vous le savez, que la bénédiction donnée sur la place du Gouvernement, en présence de toutes les autorités du pays, à cette foule immense qui couvrait les rues, les boulevards, les terrasses des maisons mauresques. Rien n'était plus touchant que la seconde bénédiction donnée, au milieu des salves de l'artillerie, aux navires qui remplissaient le port, et, au delà même des flots de la Méditerranée, à ceux que nous avons laissés dans la mère-patrie.

« Pour la première fois, cette année 1872 verra interrompre une tradition aussi religieuse et aussi française.

« Je vous dois compte, Monsieur le Curé, des motifs de ce changement, car il faut que la population d'Alger sache à qui revient la suppression d'une fête qui lui était chère, et que la France catholique apprenne à quelles aventures les destinées religieuses de l'Algérie sont livrées.

« C'est par une lettre de M. le Préfet d'Alger, répondant à celle par laquelle je lui annonçais, selon l'usage, la procession de la Fête-Dieu, que j'ai appris que « le Maire d'Alger, se fondant sur « la loi du 18 germinal an X, interdisant les cé- « rémonies hors des édifices consacrés au culte « catholique, dans les villes où il y a des tem- « ples destinés à différents cultes, se refusait de « s'associer à la cérémonie du 2 juin, » et, par conséquent, de prendre l'arrêté nécessaire pour que la procession fût possible dans une ville comme Alger.

« C'est devant cette manifestation que j'ai écrit, à M. le Préfet, la lettre suivante :

« Saint-Eugène, le 28 mai 1872.

« Monsieur le Préfet,

« J'ai l'honneur de vous accuser réception de votre lettre de ce jour.

« Le refus formel de M. G...., adjoint au Maire d'Alger, de prendre les mesures d'ordre que vous lui avez demandées pour la cérémonie de la Fête-Dieu, rend impossible l'organisation et la marche d'une procession dans les rues de la ville.

« En me transmettant ce refus sans y ajouter de réflexions, vous avez dû, comme je le fais moi-même, le considérer comme équivalant à une interdiction absolue.

« Au fond, et personne ne s'y trompe, cette opposition s'inspire de passions d'hommes qui ont renié toute croyance et qui, ne visant qu'à renverser les plus solides bases de l'ordre social, se font une joie brutale de venir, ici, en présence du mahométisme encore mal soumis, insulter au culte national de la France.

« Pour moi, en ordonnant, en présence des passions que je connais, la procession de la Fête-Dieu, selon un usage constamment suivi, depuis la conquête, j'ai voulu remplir un devoir que je crois celui de toute conscience virile, dans ce pays et dans ce temps : celui de ne pas déserter devant l'ennemi.

« Mon devoir est rempli. Il ne me reste, puisque je suis désarmé, que de céder à la force.

« Mais la population vraiment catholique d'Alger, déjà si profondément blessée dans ses sentiments les plus intimes par les abominables outrages impunément déversés, chaque jour, sur ses croyances, par les mesures illégales et persécutrices dirigées contre l'enseignement religieux de ses écoles, contre l'exercice de son culte, saura, une fois de plus, à quelles passions et à quelles faiblesses elle doit, depuis près de deux années, la suppression des coutumes et la violation des droits qui lui sont les plus chers.

« Veuillez agréer, etc., etc.

« + CHARLES, *Archevêque d'Alger*.

« Je n'ajouterai rien à cette lettre, Monsieur le Curé. Elle exprime tous mes sentiments.

« Mais afin de ne pas priver complètement les fidèles de vos paroisses des consolations dues à leur piété, j'ai décidé que la procession qui ne peut se faire à Alger, aura lieu au Pèlerinage de Notre-Dame d'Afrique.

« Le terrain qui entoure l'église est notre propriété; aucune mauvaise volonté ne peut nous empêcher d'y honorer notre Dieu, et nous y serons sous la protection maternelle de celle que l'Eglise appelle la Consolatrice des affligés. Plus que jamais nous avons besoin de l'invoquer sous ce titre, puisqu'on s'attache ainsi à désoler notre foi.

« J'y convoque toutes vos paroisses, avec leurs congrégations, leurs confréries, leurs écoles, pour le jour et l'heure où devait avoir lieu la procession d'Alger.

« + CHARLES, *Archevêque d'Alger*. »

La manifestation de foi qui suivit cette convocation épiscopale fut vraiment belle et consolante. L'armée tout entière y prit part avec ses chefs. Une foule immense, évaluée à au moins vingt mille personnes, y monta d'Alger. L'artillerie plaça ses canons sur la colline qui fait face à Notre-Dame d'Afrique, à l'extrémité de la Vallée des Consuls, et salua de ses détonations le Très-Saint Sacrement.

Depuis cette époque, les processions de la Fête-Dieu ont lieu à Notre-Dame d'Afrique, et la population chrétienne est toujours fidèle à s'y rendre. Les autres processions en usage dans la Liturgie, comme celle de l'Assomption, de l'ouverture du mois de Marie, se font également autour du Pèlerinage, et c'est ainsi que Marie y console et y soutient la foi de ses serviteurs.

Pour augmenter cette confiance des fidèles envers la Consolatrice des affligés, S. Em. le Cardinal Lavigerie a voulu créer, sous ce titre, dans la Basilique, une confrérie spéciale.

Voici le texte de l'Ordonnance par laquelle cette confrérie est instituée :

« Voulant favoriser la piété des fidèles, principalement de ceux qui sont dans l'affliction ou dans l'épreuve, envers la Très Sainte Vierge Marie, et augmenter la confiance qu'ils ont dans la protection de Notre-Dame d'Afrique par suite des grâces qu'ils en obtiennent chaque jour.

« Nous rappelant, en outre, la parole de Notre-Seigneur que là où deux ou trois de Ses disciples se réunissent en Son nom, Il est lui-même au milieu d'eux.

« Avons ordonné et ordonnons ce qui suit :

ART. Ier. — Une confrérie pieuse est établie dans la Basilique de Notre-Dame d'Afrique, sous le titre de *Marie Consolatrice des affligés*.

ART. II. — Pour faire partie de la dite confrérie, il faut :

1° Se faire inscrire sur le registre tenu, à cet effet, à la sacristie de Notre-Dame d'Afrique ;

2° Réciter, chaque jour, après sa prière du matin ou du soir, ou à tout autre moment de la journée, l'invocation : « Notre-Dame d'Afrique, Consolatrice des affligés, priez pour nous. »

ART. III. — Chaque dimanche, immédiatement après les Vêpres, et avant le chant des Litanies des Saints d'Afrique, on recommandera aux prières des fidèles tous les Associés et tous ceux qui auront demandé, par lettres ou de vive voix, ces prières, et on récitera pour eux l'*Ave Maria* suivi de l'invocation : « *Notre-Dame d'Afrique, Consolatrice des affligés, priez pour nous.* »

Art. IV. — En attendant que le Saint-Siège daigne enrichir d'indulgences plus étendues les exercices de la dite Confrérie, Nous accordons une indulgence de cent jours à tous ceux de ses membres qui réciteront pieusement l'invocation : « *Notre-Dame d'Afrique, Consolatrice des affligés, priez pour nous.* »

Art. V. — Pour se faire inscrire sur le registre de la Confrérie, pour recommander des intentions particulières, pour demander la célébration de messes à l'autel de Notre-Dame d'Afrique, Consolatrice des affligés, pour y faire brûler des cierges, il suffit de s'adresser de vive voix ou par lettre à M. l'Aumônier de Notre-Dame d'Afrique, à la sacristie de la dite église. (1)

Conformément au texte de cette Ordonnance, chaque dimanche, après les Vêpres, M. l'aumônier du Pélerinage recommande aux prières des Religieuses, à celles de leurs orphelines, et des fidèles qui sont toujours présents en grand

---

(1) M. l'Aumônier se charge également de faire célébrer les messes et les neuvaines demandées, au Pèlerinage, ainsi que d'assurer les offrandes de cierges ou le placement des *ex-voto* aux pieds de la statue miraculeuse. Son adresse exacte par la poste est : M. l'Aumônier de Notre-Dame d'Afrique, à Saint-Eugène, près Alger (Algérie).

nombre, ces jours-là, à Notre-Dame d'Afrique, tous les membres de la Confrérie, tous les malades, tous les pécheurs, tous les affligés qui se sont ou que l'on a recommandés aux prières.

CHAPITRE TROISIÈME

ASSOCIATION DE PRIÈRES POUR LES MARINS VIVANTS ET DÉCÉDÉS

Vœu de l'Archevêque d'Alger dans une tempête. — Les prières pour les marins. — L'absoute de la mer à Notre-Dame d'Afrique.

Nous ne pouvons tout dire, et néanmoins nous ne pouvons nous dispenser de parler d'une autre institution permanente, pour les marins, due à la piété du Cardinal Lavigerie.

Le 22 septembre 1867, ce vénérable prélat s'embarquait à Marseille pour Alger, accompagné d'un certain nombre d'ecclésiastiques, parmi lesquels se trouvait le T.-R. P. Abbé de la Trappe de Staouéli, et de plusieurs Religieuses appartenant à diverses communautés du Diocèse. Le reste des passagers atteignait le chiffre de 700, la plupart militaires, et le chargement des marchandises était considérable. Dès le soir même du départ, une tempête affreuse s'éleva. On était en plein équinoxe, c'est-à-dire à l'époque des tempêtes, et les marins de Marseille et d'Alger disaient ensuite que, depuis 25 ans, dans ces deux ports, on n'en avait pas vu de pareille. Le

navire monté par le prélat était l'un des plus petits de la Compagnie des Messageries, qui était
alors chargée du service des dépêches entre l'Algérie et la France. Il se nommait l'*Hermus*. Chargé comme il l'était, il ne tarda pas à se trouver
en péril. Le capitaine avait voulu traverser directement le golfe du Lion. S'apercevant bientôt du
danger, il chercha à se rapprocher des côtes,
mais il était trop tard. La violence du vent qui
venait du nord-ouest était telle, que le navire ne
pouvait avancer. Il reprit alors sa route ballotté
par les flots. Quelques heures après, un coup
de mer plus dur rompit la barre du gouvernail
qui était en fer, et, dès lors, l'*Hermus* se trouva
en perdition, comme disent les gens de mer,
c'est-à-dire qu'à chaque moment, officiers, matelots et passagers, s'attendirent à le voir sombrer
sous l'effort des lames. Les feux des machines
furent éteints par l'eau qui gagna peu à peu la
cale. Les passagers étaient tous frappés de terreur.

Il faut avoir été témoin de semblables scènes
pour se rendre compte de ce qu'elles peuvent
être. Les uns semblaient frappés d'hébètement et
comme d'ivresse ; les autres se livraient au désespoir. Le second du navire arma son pistolet
en disant tout haut : « Voilà de quoi me faire
sauter la cervelle, au moment où nous sombre-

rons. » Ce dernier acte acheva de jeter l'épouvante parmi ceux qui en furent témoins. Les femmes poussaient des cris d'effroi ; mais, avec la terreur, la foi de tous se ranimait. Mgr Lavigerie exhortait hautement tout le monde au repentir et à la confiance. A un moment, il donna l'absolution générale, après l'avoir reçue lui-même d'un prêtre qui l'accompagnait, et, en même temps il encourageait les passagers à faire le vœu de monter à Notre-Dame d'Afrique, s'ils échappaient à ce péril.

Le vœu fut fait par un grand nombre. Pendant ce temps, le T.-R. P. Abbé de la Trappe était étendu dans sa cellule. L'Archevêque vint le trouver. — Eh bien ! Père Abbé, lui dit le prélat, voilà le vœu que nous venons de faire ; et vous, que faites-vous ici ?

— Moi, dit le Père Abbé, avec la simplicité de la foi, je me recommande aussi à notre bonne Mère, et je dis à Notre-Dame d'Afrique :«Voilà un événement qui ne vous fera guère honneur. Mgr l'Archevêque est ici avec beaucoup de prêtres, de religieux et de religieuses. Tout le monde pensera que nous Vous avons invoquée, et, si Vous nous laissez périr, on n'aura plus guère de confiance en Votre nouveau Pèlerinage. »

Le prélat sourit de cette liberté filiale ; et, en même temps, lui-même, il faisait un vœu, au fond de son cœur : celui d'instituer à Notre-Dame d'Afrique des prières solennelles pour les marins vivants et défunts ; pour les premiers, afin que Marie les préservât des terribles périls auxquels ils sont exposés, chaque jour ; pour les seconds, qui n'ont point eu de tombe, afin qu'ils aient, au moins, les prières que l'Eglise fait partout pour les défunts.

Arrivé à Alger, le sixième jour seulement après le départ de Marseille, grâce à un gouvernail provisoire qui put être installé, lorsque la tempête s'apaisa, il accomplit sa promesse en adressant, à la date du 28 octobre 1867, c'est-à-dire un mois, jour pour jour, après son débarquement, la lettre pastorale suivante à ses diocésains :

« Mes Très-Chers Frères,

« Au-dessus des écueils qui bordent nos côtes, s'élève aujourd'hui le sanctuaire que mon vénéré prédécesseur à consacré à celle que l'Eglise nomme : *L'Etoile de la mer.*

« C'est ce sanctuaire que désormais, en laissant nos rivages, les matelots, pleins de confiance dans la protection de Marie, salueront comme un dernier souvenir ; c'est lui qu'ils apercevront, le premier, quand ils reviendront vers nous.

« Aussi, Mes Très Chers Frères, Notre-Dame d'Afrique m'a-t-elle paru destinée à devenir comme un centre de prières pour le salut des marins et de tous ceux qui naviguent sur les mers.

« Un Evêque illustre, Mgr de Belsunce, avait eu, à Marseille au siècle dernier, une pensée semblable ; je veux la compléter aujourd'hui, en faisant répondre la prière qui s'élèvera de ce côté de la Méditerranée à celles qu'adresse encore pieusement pour les marins, à Dieu et à Notre-Dame de la Garde, l'Eglise de Marseille.

« J'ai toujours eu, je l'avoue, Mes Très Chers Frères, une sympathie profonde pour les hommes de mer.

« Né moi-même non loin des bords de l'Océan, bercé aux bruits de ses tempêtes, j'ai pu apprécier la trempe indomptable de caractère et d'énergique courage, l'esprit d'initiative que développe une vie dont chacun des instants est une lutte contre la mort.

« Mais, si la marine est une des gloires de notre patrie, il est triste de dire qu'à certains points de vue nous ne la payons que d'ingratitude et d'oubli.

« Je ne veux parler ici que du côté religieux, le seul qui me préoccupe en ce moment.

« Sous ce rapport essentiel, le marin est presque déshérité de tout secours ; il n'a près de lui ni temple, ni autel, ni prières publiques, et s'il reste religieux, c'est que Dieu place sans cesse sous ses yeux, dans les flots qui le portent, l'image sublime de sa puissance et de son immensité. Mais, si la mort le surprend au milieu des mers, il n'a de prêtre auprès de lui, excepté dans quelques-uns des vaisseaux de l'État, ni pour l'absoudre, ni pour donner à sa dépouille mortelle une bénédiction dernière.

« C'est à cet abandon que j'ai voulu pourvoir.

« J'ai voulu qu'on allât prier, chaque semaine, sur cette tombe immense qui recouvre, comme d'un drap mortuaire, les ossements de tant de chrétiens. J'ai voulu que, sur tous les points du globe où elles se trouvent inquiètes, désolées, les mères, les sœurs, les épouses, les filles de nos marins, sussent qu'il est, ici, près des flots, un sanctuaire vénéré, où, tous les jours, on demande à Dieu et à Notre-Dame d'Afrique de leur ramener sains et saufs ceux qui leur sont chers, ou de leur accorder pardon et miséricorde, s'ils ne sont plus.

« Voilà ce que j'ai promis à Dieu, dans les moments où je voyais de plus près encore les dangers que courent, mais aussi le ferme courage que conservent, l'intelligence et les vertus que déploient. nos intrépides marins.

« Je compte inaugurer moi-même, le samedi 9 novembre, jour de l'Octave des Morts, ces prières solennelles par la célébration du Saint-Sacrifice. J'invite à cette cérémonie le Clergé et les Congrégations religieuses de ma ville archiépiscopale. J'y invite aussi les fidèles des paroisses d'Alger et des environs et, en particulier, les familles de nos marins et de nos pêcheurs. J'engage tous mes diocésains à s'unir à Nous, ce jour-là, par la pensée; et, si ma faible voix peut traverser les mers, j'adresse la même prière à tous les cœurs vraiment catholiques.

« A ces causes, et le saint nom de Dieu invoqué ;

« Nous avons ordonné et ordonnons ce qui suit :

« ART. 1er. — Il est institué, dans la chapelle du Pèlerinage de Notre-Dame d'Afrique, une Association solennelle de prières pour tous les marins vivants et décédés.

« ART. 2. — Chaque jour, après la première messe, un *Ave Maria* sera dit pour les marins vivants.

« ART. 3. — Tous les dimanches, après les
Vêpres, le Clergé et les Fidèles présents sorti-
ront processionnellement de la chapelle, et
s'étant rendus au point de la colline qui domine
la mer, chanteront les prières de l'absoute, le
Libera et le *De profundïs*, après lesquels le célé-
brant récitera l'oraison pour les marins décédés.

« ART. 4. — Nous accordons une indulgence
de cent jours à toutes les personnes qui assisteront à la cérémonie qui se fera, tous les dimanches, à Notre-Dame d'Afrique, pour les marins
défunts. »

Les étrangers qui viennent visiter, le dimanche, à l'heure où finissent les vêpres de la Basilique, le coteau sur lequel Notre-Dame d'Afrique
est bâtie, voient sortir de l'église une longue
procession composée des prêtres, des Religieuses
avec leurs orphelines, et des fidèles. Le prêtre
est revêtu d'une chape noire, comme s'il allait
célébrer les funérailles solennelles ; une croix
les précède. La croix se dresse sur le bord
même de la colline dont les pieds plongent dans
la mer. Les enfants, de leurs voix argentines, et
les prêtres, de leurs voix graves, commencent le
« *Libera* » et le chantent jusqu'à la fin, comme
au jour des Morts, dans un cimetière. Quand il
est terminé, le prêtre entonne le *Pater Noster*,

demandant à Dieu de se souvenir de tant de créatures humaines sorties de ses mains, et dont Il a permis que les flots devinssent la tombe. Il prend de l'eau bénite et la jette pieusement vers la mer ; puis l'encensoir lui est donné, et il l'élève trois fois au-dessus des flots, orageux ou paisibles, comme pour rendre ce dernier honneur, au nom de leurs frères chrétiens, à ceux qui reposent sous le linceul immense qui s'étend sous ses yeux. Puis il récite la prière accoutumée pour les défunts, en ajoutant seulement qu'il prie pour les trépassés qui reposent dans les flots.

Tous ceux qui ont été, sans s'y attendre, les témoins de ce spectacle, en sont demeurés profondément émus et touchés. La plupart se demandent ce qu'il signifie.

C'est l'accomplissement du vœu fait à Notre-Dame d'Afrique par Mgr Lavigerie, Archevêque d'Alger, pour les marins décédés.

L'Absoute sur la Mer

CHAPITRE QUATRIÈME

ADORATION QUOTIDIENNE DU TRÈS-
SAINT SACREMENT A NOTRE-DAME D'AFRIQUE

L'action de grâces après la victoire. — Les Franciscaines Missionnaires à Notre-Dame d'Afrique. — Mgr Leynaud y institue l'Adoration quotidienne.

Après la guerre de 1914-1918, Mgr Leynaud, par une Lettre Pastorale et une Ordonnance datées du 21 novembre 1920, a institué l'Adoration quotidienne du Très-Saint Sacrement dans la basilique de Notre-Dame d'Afrique, pour que le Divin Fils de Marie y soit continuellement remercié de nous avoir donné la victoire et la paix.

Mgr l'Archevêque d'Alger rappelle d'abord comment Mgr Lavigerie, son illustre prédécesseur, institua, après la guerre de 1870, dans toutes les paroisses du diocèse, l'Adoration Perpétuelle du Très-Saint Sacrement ; puis il ajoute :

«Que ferons-nous, Nos bien chers Frères, pour témoigner au Bon Dieu, par une institution durable, la reconnaissance de la France et de l'Algérie pour la grande victoire qu'il a donnée à nos armes, malgré la défection de la Russie et tant d'autres obstacles ? *Quid retribuam Domino ?* (1)

Déjà, des messes d'actions de grâces, des cérémonies de toutes sortes ont été célébrées partout, dans nos paroisses ; partout, et plus d'une fois, ont retenti nos *Te Deum* enthousiastes.

Que faire pour remercier toujours, car il est bien entendu que notre reconnaissance sera éternelle ; pour prier toujours, car il faut toujours prier, surtout après d'aussi éclatantes preuves de la puissance de la prière ; que faire ?... Nous avons demandé à Notre-Dame d'Afrique de Nous éclairer, et voici ce qu'elle Nous a dit au fond du cœur : « Vous voulez rendre grâces à Dieu ? Eh bien ! prenez le calice du salut, la Sainte Eucharistie ; élevez-la plus haut encore aux yeux de votre peuple ; et que, dans cette pieuse basilique qui m'est consacrée, mon divin Jésus, présent dans le Très-Saint Sacrement, reçoive, tous les jours, l'adoration, les hommages les plus pieux et les plus ferventes prières. C'est ici la montagne de Dieu, *mons Dei, mons pinguis* (2), la montagne féconde en toute sortes de grâces ; puisse-t-elle devenir comme un autre Sinaï, *tanquam mons magnus igne ardens* (3),

---

(1) Ps. cxv, 3.
(2) Ps. lxvii, 16. — (3) Apoc. VIII.

ardente de flammes qui tantôt s'échapperont du Cœur de mon Jésus pour embraser les âmes de l'esprit de piété, de dévouement, d'amour et de sacrifice, et tantôt s'élanceront des cœurs mortels pour consoler le Cœur de Jésus de l'ingratitude de tant de chrétiens ; un autre Sinaï, *igne ardens*, d'où descendront vers les peuples, encore infidèles, de notre chère Afrique, les lumières de l'Evangile et tous les secours divins, *in monte unde veniet auxilium.* » (1)

O Notre-Dame d'Afrique, ô bonne Mère, Nous avons compris... Nous prendrons le calice du salut, la Sainte Eucharistie : *Calicem salutaris accipiam.*

C'est bien, en effet, Nos Très Chers Frères, dans un sanctuaire consacré à Marie que doit resplendir avec le plus d'éclat la dévotion à la Sainte Eucharistie : la Très Sainte Vierge n'a-t-elle pas été choisie pour nous donner et nous montrer Jésus ? Le Sauveur ne fut-il pas exposé, pour la première fois, dans ses bras maternels ? N'est-ce pas là, que les bergers et les mages l'adorèrent, de concert avec les Anges qui chantaient sa naissance ? Et, au pied de la Croix, n'est-ce pas encore cette *Mater dolorosa* qui porte son Jésus, mort pour nous, comme elle

---

(1) Ps. cxx, 1.

le portait, naissant pour nous, dans la crèche ? Et, nous le montrant toujours : « Voyez, nous dit-elle, dans quel état vos péchés me le rendent. »

Si nous voulons trouver Jésus, Nos Très Chers Frères, cherchons Marie, véritable ostensoir de Jésus, mais ostensoir vivant, embelli de toutes les richesses de la création et tout rayonnant de pureté et de gloire, ici-bas et dans l'Eternité ; cherchons Marie, vivant portrait de Jésus, Marie que Bossuet appelle « un Jésus-Christ commencé » (1). Elle sera toujours heureuse de nous montrer Jésus, et, en particulier, de nous le montrer exposé dans notre belle basilique africaine.

C'est pourquoi, désirant témoigner au Bon Dieu la grande reconnaissance que nous lui devons, après la victoire, et faire plaisir à la Très Sainte Vierge, Nous avons décidé d'établir, à Notre-Dame d'Afrique, non pas l'Adoration Perpétuelle que l'on y fait déjà, au jour fixé, mais l'Adoration quotidienne et solennelle du Très-Saint Sacrement.

Cette nouvelle réjouira grandement, Nous en sommes sûr, les âmes pieuses de ce diocèse — et elles sont, Dieu merci, très nombreuses —

---

(1) IIe Sermon pour la fête de la Nativité de la Sainte Vierge.

qui ont, avant tout, le culte de la Très Sainte Eucharistie ; et, toutes les fois qu'elles le pourront, elles n'auront pas de plus grand bonheur que d'aller passer quelques minutes ou quelques heures, aux pieds de notre Seigneur Jésus-Christ, présent et vivant dans son sacrement d'amour, et recevoir sa Bénédiction.

Mais la distance d'Alger à Notre-Dame d'Afrique est trop grande et les moyens de communication encore trop insuffisants pour permettre aux fidèles de satisfaire facilement leur piété.

Il nous fallait des aides pour adorer. Nous avons, aujourd'hui, l'honneur et la grande joie de vous les présenter.

Les voici dans la blancheur de leurs voiles d'adoratrices.

Voulez-vous savoir leur nom ? — Sœurs Franciscaines Missionnaires de Marie

La fin spéciale de leur Institut ? — L'expiation et l'apostolat, dans la mesure qui leur convient, « s'offrant en victimes à Dieu pour l'Église et pour les âmes, dans les Missions étrangères même les plus périlleuses et les plus éloignées. »

Leur patronne ? Marie, qu'elles s'engagent à imiter ainsi : « Pour imiter la Très Sainte Vierge dans la compagnie qu'elle a tenue à Notre-Seigneur Jésus-Christ, les Sœurs Franciscaines Missionnaires de Marie sont vouées à l'Adoration quotidienne du Très Saint Sacrement exposé. »

Les voilà donc, Nos Très Chers Frères, ces bonnes Religieuses : avec un dévouement auquel je ne saurais trop rendre hommage, elles sont accourues, à Notre appel, de la Bretagne si chrétienne, pour nous aider à payer à Notre Seigneur Jésus-Christ et à la Sainte Vierge notre dette de reconnaissance, par leurs ferventes adorations de chaque jour, au pied du Très Saint Sacrement.

A l'Adoration quotidienne, — je le dis en passant — elles voudront joindre le soin maternel des orphelines de guerre confiées à l'Assistance Catholique, et le jour n'est pas trop éloigné, Nous l'espérons, où elles pourront ainsi, comme les Religieuses de tous ordres, que nous avons le bonheur de posséder déjà, dans ce diocèse, servir utilement, par la charité, la France et la cause Française, dans toute l'Afrique du Nord, depuis la Tripolitaine, jusqu'au rivage de l'Atlantique.

Mes chères Filles, soyez donc les bienvenues dans notre belle Algérie, où vous ambitionnez de faire le bien : missionnaires de Marie, que vos mains délicates soient les instruments de votre filial amour pour embellir la Basilique et l'autel de notre Mère du Ciel ! Adoratrices du

Très Saint Sacrement, montez, tous les jours, une garde fidèle et pieuse devant votre Epoux Divin, le Roi des Rois, Jésus-Christ dans la Très-Sainte Eucharistie ; les mains et les cœurs élevés devant Lui, sur cette sainte colline, priez toujours pour nous qui combattons sur les montagnes et dans la plaine ; priez pour la France et pour l'Algérie. Priez pour les infidèles qui nous entourent : que notre Père du Ciel leur donne le pain quotidien, et nourrisse bientôt leurs âmes de la vérité éternelle apportée au monde par son Fils unique; priez aussi, pour nous tous, la Consolatrice des affligés ; tant de peines nous accablent ! Vierges, qui voulez devenir les plus aimantes des mères pour nos pauvres orphelines, puissiez-vous les voir se multiplier autour de vous, loin de la contagion du siècle, tout près de Jésus et de Marie, dans l'amour de Dieu et de la France !

Nous vous bénissons, au nom de Nos vénérés prédécesseurs, surtout au nom de Mgr Pavy, le très pieux fondateur de ce pèlerinage et le chantre très éloquent des gloires de Marie ; au nom du grand Apôtre de l'Afrique, le Cardinal Lavigerie, dont l'âme ardente poursuivit toujours ici-bas et poursuit, sûrement encore au ciel, le rêve de la conversion des musulmans et de tous les infidèles de l'Afrique, rêve dont nous verrons, un jour, avec lui, la triomphante réalité !

Nous vous bénissons, au nom du cher et vénéré Primat d'Afrique, Archevêque de Carthage, Mgr Combes, qui aimait tant cette colline où il reçut l'onction sacerdotale, et au nom de Notre ami et auxiliaire, Mgr Piquemal, qui s'est, jusqu'à la mort, dévoué à ce pèlerinage.

Et vous, Nos Très Chers Frères, entendez et comprenez l'appel que Dieu adressa autrefois à Moïse : « *Montez vers moi sur la montagne et restez là.* » (1) Aujourd'hui, c'est Jésus qui vous y appelle, non plus pour y recevoir la loi de crainte, mais la loi d'amour que vous connaissez depuis longtemps, et pour y adorer, prier, remercier le Dieu vivant dans la Sainte Eucharistie, lui demander les grâces dont vous avez besoin et réparer par votre fidélité et votre amour toutes les infidélités et les oublis de tant de créatures.

Montez, souvent, à Notre-Dame d'Afrique, et soyez là — *et esto ibi* — surtout à l'heure de la Bénédiction qui y sera donnée, tous les soirs.

O Vierge Marie, ô Notre-Dame d'Afrique, en ce jour « que le Seigneur a fait » pour l'établissement de l'Adoration quotidienne dans votre bien-aimée Basilique, Nous vous prions de toute

____

(1) *Exod.* XXVI, 12.

Notre âme de bien vouloir bénir cette pieuse institution, afin qu'elle demeure et produise toujours dans les âmes les plus grands fruits de salut ; que, du haut de la sainte colline, la Très Sainte Eucharistie attire tous les cœurs et rayonne, sur l'Algérie, sur toute l'Afrique et, par-delà les flots bleus, sur notre Patrie bien-aimée, pour les inonder de lumière, de paix et d'amour !

A CES CAUSES,

Le Saint nom de Dieu invoqué et après en avoir conféré avec Nos vénérables Frères les chanoines du Chapitre métropolitain,

Nous avons ordonné et ordonnons ce qui suit :

ART. 1. — Dans le but de témoigner à Notre Seigneur Jésus-Christ notre reconnaissance pour toutes les grâces qu'Il a daigné accorder, pendant la Grande Guerre de 1914-1918, à la France et à l'Algérie, Nous instituons l'Adoration quotidienne du Très Saint Sacrement dans la Basilique de Notre-Dame d'Afrique.

ART. II. — Elle sera assurée par les Sœurs Franciscaines Missionnaires de Marie.

Art. III. — En attendant que le nombre des adoratrices permette de faire une Adoration plus prolongée, le Très-Saint Sacrement sera exposé, de treize heures à seize heures, l'hiver, et dix-sept heures, l'été.

A ce moment aura lieu la Bénédiction.

Art. IV. — Nous engageons très vivement les communautés religieuses et les personnes pieuses de Notre diocèse à gravir, plus souvent encore, la colline de Notre-Dame d'Afrique, pour y prier, dans la Basilique, devant le Très-Saint Sacrement exposé et devant l'image de Notre Bonne Mère du Ciel.

Art. 5. — Nous accordons aux fidèles une indulgence de 100 jours, toutes les fois qu'ils assisteront pieusement à la Bénédiction quotidienne du Très-Saint Sacrement donnée dans la Basilique.

Et seront Notre Lettre pastorale et l'Ordonnance qui la suit lues et publiées dans toutes les églises et chapelles du diocèse, le dimanche qui en suivra la réception.

Donné à Alger, sous Notre Seing, le sceau de Nos armes et le contre-seing du Secrétaire général de Notre Archevêché, le 21 novembre 1920, en la fête de la Présentation de la T.-S. Vierge.

AUGUSTIN-FERNAND,

Archevêque d'Alger.

Par mandement de Monseigneur :
Gustave TEULLIÈRES,
Chan. hon., secrétaire général.

QUATRIEME PARTIE

Des grâces extraordinaires obtenues au Pèlerinage de Notre-Dame d'Afrique.

DÉCLARATION

Nous croyons devoir déclarer, de nouveau, au commencement de cette quatrième partie, comme nous l'avons fait au commencement de cet ouvrage, qu'en nous servant du mot de miracles ou de grâces miraculeuses, nous n'entendons nullement prévenir le jugement de l'Église sur les faits rapportés par nous. Nous savons que c'est seulement après une sentence du Saint-Siège, que les fidèles sont obligés, en vertu de leur foi, de regarder comme indubitables les miracles définis comme tels.

Néanmoins, nous devons dire que tous les faits rapportés dans cette *Quatrième partie* n'ont été acceptés par nous, que sur les témoignages les plus dignes de foi. Les récits qui suivent sont tous extraits des registres du Pèlerinage conservés à Notre-Dame d'Afrique, avec les noms des personnes qui ont été l'objet de ces faveurs extraordinaires. Si nous n'imprimons ici que

17

leurs initiales, c'est que n'ayant point obtenu l'autorisation des intéressés, nous sommes retenus par un sentiment de délicatesse que tout le monde comprendra.

CHAPITRE PREMIER

DES FAVEURS EXTRAORDINAIRES OBTENUES AU PÈLERINAGE, A L'ÉPOQUE DE LA CHAPELLE PROVISOIRE.

Sommaire

I. *La tempête apaisée.* — II. *Guérison d'une enfant de Saint-Eugène.* — III. *Une phtisique guérie.* — IV. *Guérison d'une petite fille.* — V. *Guérison d'une négresse.* — VI. *Je ne serai guérie que demain.* — VII. *Guérison d'une Fille de la Charité.* — VIII. *Confiant jusqu'au bout.*

En tête des personnes favorisées de la protection de la Très Sainte Vierge, dès les premiers jours du pèlerinage de N.-D. d'Afrique, et dans sa petite chapelle provisoire, il faut placer Mlle Agarithe elle-même. Le fait que nous allons rapporter n'est pas, il est vrai, le premier par ordre de date, mais il l'est par l'intérêt spécial qui s'attache à celle qui en fut l'objet, et parce qu'il s'est aussi passé dans la chapelle même.

I. — La tempête apaisée

Après quelques jours d'une chaleur étouffante, un mouvement atmosphérique d'une violence inouie se manifesta, en août 1860, sur la Méditerranée et vint comme s'abattre, vers 3 heures de l'après-midi, sur la Vallée des Consuls. C'était ce que les marins nomment un cyclone, phénomène fréquent dans les mers des Indes, mais rare dans nos parages.

L'ouragan était, à ce moment, dans toute sa violence, et cette violence était telle, que le revêtement en pierres de taille énormes, placé au sommet des constructions du Petit-Séminaire, se trouva ébranlé et enlevé, de façon que des pierres pesant plusieurs quintaux furent précipitées du sommet de la toiture, sur les terrasses qui sont au-dessous. En même temps, les oliviers et les autres arbres séculaires qui bordent le chemin de la Vallée des Consuls conduisant à l'église du Pèlerinage, étaient tordus et brisés comme des roseaux.

Agarithe se trouvait alors seule dans la cha-pelle. Au bruit terrible de la tempête, elle se prosterne frappée d'épouvante, à la place même où reposent aujourd'hui ses restes :

— Oh ! ma bonne Mère, dit-elle, protégez-moi ! Et sans rien ajouter, elle resta là comme anéantie.

Pendant ce temps, l'ouragan augmentait encore. La chapelle semblait ébranlée comme par une commotion irrésistible. Bientôt la toiture tout entière est enlevée d'un seul coup ; une portion de ses débris entoure Agarithe, le reste est jeté au loin sur les pentes qui conduisent de Notre-Dame d'Afrique à Alger. En même temps, et comme si une rage intelligente s'était acharnée sur tous les objets pieux que renfermait la chapelle, les images, les christs, les ornements du Saint-Sacrifice, les vases sacrés, l'ostensoir qui servait aux bénédictions, tout est pris, emporté dans les airs, et jeté à des distances telles qu'on en retrouva quelques-uns à plusieurs kilomètres. L'ostensoir était tordu et brisé de telle sorte, que la partie supérieure fut retrouvée au haut de la Bouzaréah, et le piédestal, ou partie inférieure, près du cimetière d'Alger.

Pendant ce temps, Agarithe, toujours étendue, immobile dans le même sentiment de terreur et en même temps de confiance et de prière, restait au pied de l'image de Marie, la face contre terre, comme elle s'y était prosternée au premier moment. Lorsque le cyclone fut passé et que la destruction eut cessé autour d'elle, elle releva la tête. Quel ne fut pas son étonnement en se voyant saine et sauve au milieu de tant de débris, et en n'apercevant plus, dans la chapelle dépouillée de tout, que la statue de Marie, debout sur son piédestal et qui semblait sourire à son humble servante.

On peut aisément s'imaginer quels furent les transports de sa reconnaissance. Elle y vit un nouveau motif de prêcher à tous la confiance filiale envers Notre-Dame d'Afrique. Elle y vit surtout une marque de la puissance de Marie contre le démon; car, chaque fois qu'elle racontait, depuis, cette histoire, elle ne manquait pas de dire que cet ouragan était le symbole et peut-être l'œuvre de l'esprit du mal, furieux de voir que, sur cette terre d'Afrique, qu'il avait considérée, durant tant de siècles, comme son domaine exclusif, allait régner désormais Celle qui doit partout écraser sa tête.

II. — Guérison d'une enfant de Saint-Eugène

Le 14 octobre 1855, le jour même où on posait la première pierre de la future chapelle,

M. et Mme R., de Saint-Eugène, étaient venus à la cérémonie pour se distraire, un instant, du douloureux spectacle qu'ils avaient, depuis trois mois, sous les yeux. Leur petite fille, âgée de quatre ans, était très gravement malade de la dysenterie, et son état était regardé comme désespéré ; on ne la soutenait plus que par des bouillons de poulet.

Préoccupés, l'un et l'autre, de la perte prochaine de leur enfant, ils eurent en même temps, mais séparément, la pensée de recourir à Notre-Dame d'Afrique, et, avant de se l'être communiquée, ils firent, chacun à part, le vœu de monter nu-pieds jusqu'à la chapelle, dès qu'elle serait construite, s'ils obtenaient la guérison de leur chère malade.

Trois jours après, la santé de l'enfant donnait des signes manifestes d'amélioration, et quinze jours n'étaient pas écoulés que Marie R. était complètement guérie, au grand étonnement de toutes les personnes qui, l'ayant vue si malade et la voyant si promptement revenue, l'appellent une petite ressuscitée. M. et Mme R. ont accompli leur pèlerinage le 12 juin 1858, à la chapelle provisoire, et ils y ont placé, avec autorisation de Mgr Pavy, le tableau n° 1.

III. — Une phtisique guérie

Sœur B. M., de la Doctrine Chrétienne, après avoir été six ans dévorée par la fièvre, était atteinte d'une phtisie pulmonaire qui était parvenue à ses dernières limites.

« A peine espérait-on la conserver encore quelques jours. A la suite d'une neuvaine, faite en l'honneur du Vénérable Géronimo, ses crachements de sang cessèrent et la fièvre tomba notablement : il restait les tubercules, la faiblesse et les dangers ordinaires d'une telle maladie.

« Pour obtenir sa complète guérison, ses compagnes firent, pendant le mois qui précédait l'Assomption de 1857, des prières quotidiennes à Notre-Dame d'Afrique. Depuis cette époque, non seulement les tubercules ont totalement disparu, et par là même dégagé la poitrine, mais un remarquable embonpoint a succédé à la plus affreuse maigreur.

Connue de l'établissement auquel elle est attachée et de toute sa congrégation en Algérie, Sœur B.M. est, depuis un an, l'objet du religieux étonnement de tous, et l'habile médecin qui l'a soignée a répété, plus de vingt fois, que l'on pouvait appeler cette guérison un véritable prodige. Un tableau rappelait ce fait, dans la chapelle provisoire ; il y portait le n° 2.

IV. — Guérison d'une petite fille

Mlle R., petite fille de quatre ans, avait, depuis six semaines, une péritonite aiguë. Au mois de mars 1858, sa mère fit à Notre-Dame d'Afrique une neuvaine, pendant laquelle elle monta tous les jours à la chapelle. Dès le troisième jour, l'enfant put se lever, être habillée, prendre de la nourriture et marcher. Cet état de bien-être continua jusqu'à ce que, huit jours après, un abcès se déclara et s'ouvrit, en rejetant une extrême abondance de pus.

— « N'ayez pas peur, dit l'enfant à ses parents, la Sainte Vierge m'a dit : Tout ce qui sortira de là est pour te guérir. »

En effet, la guérison fut si prompte qu'elle put, bientôt après, monter à pied jusqu'à la chapelle, avec toute sa famille et avec une nombreuse escorte de témoins de sa maladie et de sa guérison.

Les parents ont déposé à la chapelle provisoire le tableau qui portait le n° 3.

V. — Guérison d'une négresse

Depuis près de six ans, une négresse, Sœur M. L., du Bon Pasteur, était atteinte d'une gastro-entérite qui se traduisait par des vomissements continuels après la nourriture prise, même en très petite quantité.

Le 17 janvier 1858, elle demanda à Mgr Pavy de prier pour sa guérison ; le Prélat lui conseilla une neuvaine à Notre-Dame d'Afrique. La neuvaine finie, les vomissements cessèrent et ils n'ont pas recommencé une seule fois jusqu'à ce jour.

VI. — « Je ne serai guérie que demain ! »

Dans la même communauté, Sœur A. était, depuis quatre ans, travaillée par une fièvre violente et à peu près continuelle, depuis deux ans ; la tendance à la phtisie s'était prononcée, de bonne heure, et elle faisait d'effrayants progrès.

Le 29 avril 1858, elle commença, et la maison entière fit avec elle une neuvaine à Notre-Dame d'Afrique. La veille du jour où se terminait cette neuvaine, elle essaya, pour complaire à sa supérieure, de se lever et de descendre à la chapelle ; mais efforts inutiles !

— « Je ne serai guérie que demain, dit-elle. »

Le lendemain, en effet, dès cinq heures et demie du matin, elle était à la chapelle où elle était descendue seule. Elle y fit la sainte communion et l'action de grâces à genoux, sans éprouver la moindre fatigue. Après avoir pris un peu de café au lait, elle rentra à la chapelle pour entendre la seconde messe et l'instruction ; elle resta plus de deux heures à l'église, et presque tout le temps à genoux.

Depuis lors, elle a perdu toute douleur, retrouvé toutes ses forces et fait à pied la plus grande partie de la montée du pèlerinage.

A l'heure où nous écrivons, c'est assurément une des meilleures santés de la communauté.

VI. — Guérison d'une Fille de la Charité

A la Fête-Dieu de la même année, Sœur R. R., des Filles de la Charité, fut prise d'un enrouement qui avait dégénéré promptement en laryngite. Depuis environ trois mois, ne pouvant supporter ni pain, ni aucun aliment solide, elle ne vivait que de bouillon et de lait ; sa voix avait tellement disparu qu'elle ne pouvait articuler quelques mots sans d'horribles douleurs. On résolut de l'envoyer aux Eaux-Bonnes, et la permission en fut demandée aux supérieurs généraux.

Sur ces entrefaites, la supérieure de Sœur R., sans la prévenir, monta, avec une de ses compagnes, à la chapelle de Notre-Dame d'Afrique. Là, elle fit toucher aux mains et au cœur de la Sainte Vierge, un morceau de flanelle qu'elle avait l'intention de remettre à la malade. C'était le mardi soir, 27 avril. A son retour, elle fit part à Sœur R. R. de sa pieuse démarche, et lui plaça la flanelle au col. A l'instant même, la malade se prit à parler sans douleur, et elle chanta même deux strophes du cantique : *D'une Mère chérie célébrons les grandeurs.* Immédiatement après, elle eut un violent accès de fièvre, sentit comme la douleur d'un abcès au gosier qui serait prêt à s'entr'ouvrir. Vers minuit, la fièvre cessa et la malade dormit, jusqu'à cinq heures, d'un profond sommeil. Ce jour-là même, elle recouvra la voix, l'appétit, les forces, toute sa santé en un mot.

Le samedi, 1er mai, Sœur R. R. assistait, le matin, à la messe de Mgr Pavy, et le soir même, accompagnée de sa supérieure, elle montait à pied, la rude colline du Petit-Séminaire, pour y venir témoigner avec elle et signer le procès-verbal des faits que nous venons d'exposer.

Cette guérison est l'objet du tableau brodé d'or, portant ses initiales et le n° 4.

VIII. — Confiant jusqu'au bout

Nous citerons ici, textuellement, les paroles d'un religieux qui nous raconte ainsi sa guérison :

« Pour la plus grande gloire de Dieu et de sa Mère Immaculée.

« Moi, N. B., de la Société de Jésus, je fus attaqué, vers la fin de janvier 1853, d'une complète atonie d'estomac et d'une gastralgie des plus prononcées.

« Pendant plus de cinq ans, j'ai essayé inutilement tous les remèdes. Les plus habiles médecins du Puy, d'Avignon, de Marseille, d'Aix, d'Oran et d'Alger ont épuisé sur moi les ressources de leur art. Vains efforts ! Ils m'ont à la vérité procuré quelques soulagements temporaires ; mais ils n'ont pu me guérir.

« Vers la fin de novembre dernier, je me trouvais à Aix, en Provence. Là, mon infirmité m'a repris avec une nouvelle force ; et, depuis cette année, je n'ai pas passé plus de deux jours de suite sans en ressentir les cruelles étreintes. Ni les bains d'eau froide, au fort de l'hiver, ni les bains de mer, avec le doux climat d'Alger, où les médecins m'ont envoyé, rien n'a pu paralyser les effets de ce mal interne. La digestion était absolument nulle, et toute nourriture que je prenais, quelque légère qu'elle fût, je devais la vomir avec de très grandes souffrances. Je ne pouvais même pas digérer l'eau sucrée dont j'ai fait, plusieurs jours, mon unique nourriture. Après avoir pris quelques aliments, et avant d'avoir pu me soulager par le vomissement devenu une opération nécessaire de mon estomac, j'éprouvais des douleurs inouies ; je tremblais de tous mes membres, comme dans le paroxisme d'une forte fièvre ; j'étais inondé d'une sueur abondante et froide ; les forces m'abandonnaient complètement. La parole même me manquait et mes yeux n'apercevaient plus rien.

« Convaincu par une rude expérience que les ressources de la science m'étaient inutiles, je me suis adressé à celle que l'Église appelle avec tant de raison le *salut des infirmes* et la *consolatrice des affligés*, à Marie qu'on n'invoqua jamais en vain.

Pendant neuf jours consécutifs, je suis allé entendre la Messe et faire la sainte Communion au sanctuaire de Notre-Dame d'Afrique. Le deuxième et le troisième jour de la semaine jusqu'au dimanche dans l'octave de l'Ascension, j'ai éprouvé un mieux sensible dans mon état ; mais les jours suivants j'ai été plus fatigué que jamais ; l'oppression était plus grande qu'à l'ordinaire, les vomissements plus pénibles et les forces plus épuisées. J'ai craint un instant de ne pouvoir continuer la neuvaine. Cependant je n'ai pas perdu la confiance que j'avais en ma Mère bien aimée, la seule qui pouvait savoir combien je souffrais ; et le samedi, veille de la Pentecôte, avec la neuvaine ont fini mes longues et cruelles souffrances.

« Depuis ce jour, je mange avec goût, et toute espèce de nourriture, même les plus indigestes. Je digère très facilement. Les aliments ne me fatiguent plus, ce qui ne m'était pas arrivé une seule fois, depuis le mois de novembre 1857. Si, à cette époque, je passais au plus deux jours sans vomir, je ne passais pas un seul jour sans me trouver fatigué, accablé et cruellement tourmenté par les aliments que mon estomac ne pouvait plus porter. Maintenant plus de faiblesse, plus d'oppression, plus de fatigue ; je ne ressens même aucune trace d'une si longue infirmité.

Gloire à Marie

B. S. J.

Alger, le 23 juin 1858

« Nous, Supérieurs réguliers de l'exposant, attestons que les faits allégués sont conformes à la vérité.

« G. R... J. B. C... S. J. »

Les faveurs et guérisons extraordinaires, rapportées dans ce chapitre, ont été vérifiées et publiées par Mgr Pavy lui-même qui déclare en avoir été témoin, et qui ajoute avoir en sa possession les procès-verbaux réguliers d'AU MOINS DEUX CENTS FAITS semblables. On les trouve consignées toutes ensemble, à l'exception de la première, dans une petite brochure intitulée : « Souvenir d'un pèlerinage à Notre-Dame d'Afrique. » Aussi ce Prélat conseillait-il à tous ceux qui s'adressaient à lui d'invoquer Notre-Dame d'Afrique pour obtenir de cette bonne Mère un soulagement à leurs maux. Ces deux cents faits se sont tous produits avant la construction de la Basilique actuelle, et ont eu par conséquent pour théâtre la chapelle provisoire du pèlerinage.

Nous allons voir, dans le chapitre suivant, que Marie, Consolatrice des affligés, n'a pas été moins miséricordieuse envers ceux qui l'ont invoquée avec confiance, depuis que sa statue miraculeuse a été définitivement placée dans la Basilique.

CHAPITRE SECOND

FAVEURS EXTRAORDINAIRES OBTENUES APRÈS LA FONDATION DU PÈLERINAGE DÉFINITIF DANS LA BASILIQUE.

———

Sommaire

I. *Guérison d'une jeune fille de Blida.* — II. *Louise et les premiers communiants d'Alger.* — III. *Une neuvaine exaucée.* — IV. *La petite Eugénie.* — V. *La foi d'une mère.* — VI. *L'Employé de Fort-National.* — VII. *Un père de famille faussement accusé de meurtre.* — VIII. *Le jeune homme converti.* — IX. *Le Maltais et ses béquilles.* — X. *Françoise, d'Hussein-Dey.* — XI. *Un jeune enfant de Saint-Augustin.* — XII. *Les béquilles de Victor.* — XIII. *Guérison d'un jeune homme de Saoula.* — XIV. *Sauvés d'un naufrage.* — XV. *Le vieillard impotent.* — XVI. *Malade de Boufarik guérie.* — XVII. *Le nègre qui a trouvé du travail.* — XVIII. *Les marins de la goélette « Dolorès ».* — XIX. *Guérison d'une Sœur de la Doctrine Chrétienne.* — XX. *Guérison du Père Guillet.* — *Ex-voto et messes innombrables dans la Basilique.*

Les faits qui vont être cités, dans ce second chapitre, n'ont pas encore été publiés. Ils sont, comme nous l'avons dit, tirés des registres du Pèlerinage de Notre-Dame d'Afrique où ils ont

été consignés, jour par jour, par les Missionnaires qui desservaient le Sanctuaire, sous la
dictée des personnes mêmes qui ont éprouvé les
effets de la bonté maternelle de la Mère de Dieu.

S'il fallait tout dire, aucun livre n'y suffirait;
car, ainsi que nous l'avons constaté, huit mille
ex-voto, environ, ont été portés au Pèlerinage,
depuis son origine. Ce sont donc huit mille faveurs obtenues. Mais nous sommes contraints de
nous restreindre et de choisir, sur un si grand
nombre de faits qui, d'ailleurs, se ressemblent
tous, ceux que comporte ce volume.

I. — Guérison d'une jeune fille de Blida

Mademoiselle Joséphine F.., de Blida, était
atteinte d'une maladie inflammatoire qui affec-
tait les muscles et les articulations, et qui, outre
les douleurs intolérables qu'elle causait à la
pauvre enfant, rendait tout mouvement fort pénible ou même impossible.

L'affliction de la famille, ainsi éprouvée dans
l'un de ses membres, était grande, et non moins
grand le désir de procurer à la jeune malade
quelque soulagement. Mais les soins les plus
empressés ne pouvaient rien contre un mal qui
se montrait rebelle à tout traitement.

Dans cette extrémité, la mère de l'enfant se souvint de là puissante protectrice qu'on n'invoque jamais en vain. Elle eut recours à Marie ; et en même temps que, sur sa demande, une messe était célébrée à l'autel de la Sainte Vierge, dans la Basilique de Notre-Dame d'Afrique, au commencement du mois de mai 1874, elle commençait, de son côté, une neuvaine en l'honneur de la Reine du Ciel. Les supplications de la mère, en faveur de sa fille, furent entendues, et la jeune malade recouvra la santé, à la suite des prières adressées pour elle à Notre-Dame d'Afrique.

La mère, reconnaissante envers Marie, est venue la remercier dans son Sanctuaire, et a signé le procès-verbal qui constate cette faveur.

II. — Louise et les premiers communiants d'Alger

A la même époque, la jeune Louise V., dont les parents habitaient Alger, avait perdu l'usage de la parole, et sa famille commençait à désespérer de sa guérison, lorsque, le 29 du même mois, eut lieu, selon l'usage, le pèlerinage des enfants de la Première Communion, de Notre-Dame des Victoires.

C'était une occasion nouvelle pour demander à la Sainte Vierge une faveur extraordinaire. Car, si Marie écoute toutes les prières qui lui sont adressées, elle est surtout sensible à la prière des enfants dont le souffle du mal n'a pas encore corrompu le cœur. Louise V. se joignit donc avec son frère à ces premiers communiants, et se rendit avec eux à Notre-Dame d'Afrique.

Là, tous ensemble, ces enfants, qui venaient mettre leur innocence sous la protection de Marie, la conjurèrent de montrer sa puissance en faveur de leur jeune compagne. Cette prière touchante, intervenant pour une de leurs petites compagnes, alla droit au cœur maternel de la Sainte Vierge : elle l'exauça, à l'instant même. La jeune malade se sentit tout à coup guérie. La parole lui était rendue, et le premier usage qu'elle en fit fut d'unir sa voix à celle de tous ceux qui auparavant invoquaient Marie, pour remercier sa puissante et miséricordieuse bienfaitrice.

Plusieurs des témoins de cette guérison merveilleuse sont venus à la sacristie de la Basilique en signer le procès-verbal, avec celle qui venait de ressentir si subitement les heureux effets de la prière adressée à Marie. C'était le 29 mai 1874.

III. — Une neuvaine exaucée

Le vendredi, 17 mars 1876, une personne pieuse d'Alger venait à Notre-Dame d'Afrique recommander aux prières de la communauté un enfant, Pierre-Victorien-Henri B...

Cet enfant, atteint depuis longtemps d'une maladie nerveuse, avait vu son mal empirer de jour en jour, au point que, depuis le 25 décembre 1875, il n'avait pu faire usage de ses jambes. La famille du jeune malade n'avait cependant rien négligé pour combattre cette terrible infirmité. Plusieurs médecins avaient été appelés ; des traitements avaient été prescrits et suivis, mais le pauvre enfant n'en continuait pas moins à souffrir, et ses jambes lui refusaient toujours leur service.

Voyant l'inutilité complète de leurs visites, les médecins avaient fini par abandonner tout à fait l'enfant, disant assez, par là, à la famille désolée, que tout espoir de guérison était à jamais perdu.

Ainsi délaissée des hommes, cette famille eut recours, dans sa douleur, à un médecin bien autrement puissant. Elle s'adressa à Dieu, par l'intercession de Notre-Dame d'Afrique.

Nous avons dit déjà comment le petit malade avait été recommandé, par une pieuse amie de la famille, aux Pères qui desservent le sanctuaire. Mais on ne s'en tint pas-là. On commença, dans la famille même, une Neuvaine à la Sainte Vierge, et la mère fit vœu, au nom de tous, de faire célébrer une messe d'actions de grâces, à l'autel de Marie, si son enfant recouvrait la santé. La Neuvaine se faisait avec ferveur dans la famille du pauvre perclus, et cependant on ne remarquait aucune amélioration sensible dans son état.

Enfin, au septième jour de la Neuvaine, l'enfant put marcher un peu. Le mieux persévéra jusqu'au neuvième jour, sans amener toutefois une guérison complète. Ce jour-là, pour remercier la Très Sainte Vierge de l'amélioration qui s'était si heureusement produite, dans l'état du malade, et aussi pour obtenir qu'elle complétât son œuvre en obtenant une guérison radicale, la famille B... monta au sanctuaire de Marie et y conduisit l'enfant. C'était le moment attendu par la bonne Mère du Ciel, qui fit éclater encore une fois sa puissance, en rendant tout à fait la santé à celui pour qui on l'invoquait avec tant de foi et de persévérance...

Le père de l'enfant, si miséricordieusement guéri par l'intercession de Marie, a voulu monter lui-même au Pèlerinage et y signer le procès-verbal de cette guérison.

IV. — La petite Eugénie

Eugénie M., d'Alger, âgée de trois ans, était atteinte d'une maladie qui, au dire des médecins consultés par les parents de l'enfant, pouvait être mortelle, et dans tous les cas ne devait guérir qu'après de longues souffrances ; car on annonçait qu'elle durerait plusieurs années. Une telle nouvelle causa une vive inquiétude à la famille, et surtout à la mère. Quelle perspective, en effet, pour le cœur d'une mère, que celle de voir souffrir, pendant des années, une enfant tendrement chérie et de vivre constamment dans la crainte de la perdre !

Mme M. ayant lu, sur ces entrefaites, une petite brochure contenant le récit de quelques faveurs miraculeuses obtenues par l'intercession de Notre-Dame d'Afrique; celle-là même qui est reproduite au commencement du chapitre précédent, pensa que Marie pouvait aussi bien la secourir que tant d'autres qui s'étaient adressés à Elle.

Pleine de cette pensée et d'une grande foi en la Très-Sainte Vierge, elle prend tout de suite la résolution de faire une Neuvaine en l'honneur de Marie, dans le sanctuaire de Notre-Dame d'Afrique ; et, tous les jours, elle gravit la côte qui conduit à la Basilique où la Consolatrice des affligés se plaît à répandre, à pleines mains, ses faveurs. La prière de la pieuse mère est immédiatement exaucée. Un mieux subit se déclare chez la petite malade ; et, deux jours après, Mme M. se rend encore au sanctuaire de Notre-Dame d'Afrique ; mais, cette fois, c'est pour rendre grâces à Marie et lui consacrer l'enfant si miséricordieusement guérie.

V. — La foi d'une mère

Nous laisserons ici parler une mère, Mme veuve R., d'Alger. Elle va nous raconter elle-même le trait suivant que nous reproduisons dans toute sa simplicité :

« L'année 1880, dans le courant du mois d'août, j'ai oublié la date, ma petite fille, âgée de neuf ans, s'étant très bien portée jusqu'à cette époque, tomba malade et eut le côté droit comme paralysé. Le médecin, M. C., que je consultai, me dit que c'était un rhumatisme, et qu'il n'y avait qu'à la tenir au chaud, voilà tout. Mon enfant cessa complètement de marcher, pendant trois mois ; il fallait la porter sur les bras. Dans mon désespoir de mère, je monte à Notre-Dame d'Afrique ; et, comme je n'étais pas libre le jour,

je m'y rendis la nuit. Il était près de 10 heures.
Tout était fermé. Je m'agenouillai dehors, contre
la porte de l'église, et je fis une prière, recom-
mandant ma fille à la Sainte Vierge.

En me relevant, je vis un homme en blouse
marchant devant moi. Je lui courus après, sans
aucune peur, malgré l'heure et l'obscurité. Je
l'appelle, il me demande ce que je veux. Je lui
dis, dans mon chagrin, que je voudrais parler à
un des prêtres qui desservent la chapelle. Il vient
alors avec moi et frappe lui-même à la porte de
la sacristie. Le prêtre ouvre et me demande le
motif qui m'amène, à cette heure. Je lui raconte
ma peine et lui remets une aumône à l'intention
d'obtenir la guérison de ma petite fille, promettant, si elle m'était rendue, de venir avec elle
en actions de grâces et de faire une offrande,
selon mes ressources. Le prêtre me console et
me dit : « Allez en paix et ayez confiance en la
Très Sainte Vierge ; votre foi sera exaucée. »

Le troisième jour après cette visite, l'appareil
que ma petite fille avait à la jambe est tombé de
lui-même, et, sans aucun autre remède, mon
enfant s'est mise à marcher ; et depuis, elle se
porte très bien. Grâces en soient rendues à Notre-Dame d'Afrique. »

VI. — L'employé de Fort-National

Un père de famille vient, à son tour, rendre hommage à Marie et la remercier, dans son
temple, de la faveur qu'il en a obtenue et que,
dans sa vive foi, il regarde, aussi, comme un
miracle. Voici ce dont il dépose :

Son fils, âgé de 26 ans, employé au Fort-National, avait contracté à l'œil droit une maladie
qui, s'aggravant sans cesse, avait fini par le
priver presque entièrement de l'usage de cet
œil.

Dans le cours de sa maladie, ce jeune homme,
plein de confiance en Marie, avait toujours témoigné à ses parents le désir de se rendre à
Notre-Dame d'Afrique, pour y implorer le secours
de la Sainte Vierge.

Enfin, le 23 mai 1881, il met son pieux dessein
à exécution et prend le chemin qui conduit au
sanctuaire de Marie. Jusqu'au pied de la montagne, il a souffert beaucoup. Vers le milieu, il
s'est senti un peut mieux ; ce n'est que dans
la Basilique qu'un mieux sensible s'est produit
instantanément. Il est descendu malade encore,
mais emportant dans son cœur la douce confiance que Marie achèverait son œuvre et le gué-
rirait tout à fait. Cette espérance ne fut point

vaine. Non seulement le mieux qui s'était produit persévéra ; mais, le troisième jour après ce pèlerinage, il est tombé de l'œil malade, à plusieurs reprises, comme de petites écailles. L'œil s'est trouvé complètement dégagé, et, dans la semaine même, le jeune homme a pu reprendre ses fonctions qu'il avait dû abandonner, depuis sa maladie.

VII. — Un père de famille faussement accusé de meurtre

Un père de famille avait été faussement accusé d'un meurtre commis sur la personne d'un nègre ; il avait été arrêté et conduit en prison, au grand désespoir des siens qui connaissaient bien son innocence, mais ne pouvaient cependant se faire illusion sur les terribles conséquences qu'une telle accusation, quoique fausse, pouvait entraîner. Cette innocence serait-elle reconnue par la justice humaine qui, hélas, se trompe quelquefois et fait payer à l'innocent le crime du coupable ? On avait à redouter non seulement la perte de l'accusé, mais encore la honte et l'infamie pour tous ceux que les liens du sang unissaient à ce malheureux.

Pleins d'une terrible anxiété, mais aussi confiants en Marie Consolatrice, la mère et les enfants viennent, tous les jours, tant que dure la captivité de celui qui leur était si cher, se prosterner aux pieds de Marie et la conjurer avec larmes d'éloigner d'eux tous le terrible malheur dont ils sont menacés. Ils demandent à cette bonne Mère que la justice humaine soit éclairée, que l'innocence du cher accusé soit reconnue, et que celui pour qui ils pleurent et prient, à ses pieds, leur soit rendu.

Dans une de ses visites à la Basilique, la mère fait le vœu de faire célébrer une messe en actions de grâces, si la faveur si instamment sollicitée était obtenue. O bonté miséricordieuse de Marie ! Le jour même où ce vœu est formulé aux pieds de la Madone, l'innocence du père de famille est reconnue; il est relâché et rendu à l'affection des siens.

Cette heureuse famille ne peut s'empêcher de voir, dans une délivrance si soudaine, la protection toute puissante de Marie, et elle vient, le 23 janvier 1883, faire célébrer en actions de grâces la messe qui avait été promise.

VIII. — Le jeune homme converti

Le 28 du même mois, la Basilique de Notre-Dame d'Afrique a été le théâtre d'un fait d'un autre genre, mais non moins touchant que les autres.

Tous les dimanches, avant les Vêpres, le chapelet est récité publiquement aux pieds de la statue miraculeuse de Marie, pour les personnes qui se recommandent spécialement à la Très Sainte Vierge, et pour toutes les œuvres entreprises par le clergé et les Missionnaires d'Alger.

Ce jour-là, 28 janvier, on avait recommandé aux prières des assistants plusieurs pécheurs dont on demandait à Marie la conversion. Ces prières sont à peine terminées qu'un jeune homme se présente à la sacristie, et s'adressant au Père aumônier, il lui dit : « Mon Père, vous avez tout à l'heure prié pour la conversion des pécheurs ; je suis de ce nombre, priez beaucoup pour moi. »

Le Père aumônier promet le secours de ses prières à ce pauvre égaré. Mais ce jeune homme, quoique touché, n'était pas encore converti.

En sortant de la sacristie, il retourne dans le sanctuaire. Là, la Vierge Immaculée, refuge des pécheurs, achève l'œuvre qu'elle vient de commencer. Elle inspire au jeune homme la résolution de changer de vie. Il sort, une seconde fois, du sanctuaire, rentre à la sacristie, s'agenouille aux pieds du prêtre, lui fait l'humble aveu de ses fautes, et s'en retourne consolé et plein d'une vive reconnaissance pour celle qui lui a tendu une main secourable et l'a retiré du mauvais état dans lequel il se trouvait.

IX. — Le Maltais et ses béquilles.

Le 6 avril, lundi de Pâques, de cette année 1885, se présente, dans la matinée, à la sacristie de Notre-Dame d'Afrique, un Maltais, portant sous le bras un long paquet soigneusement enveloppé, et tenant à la main quelques cierges.

Interrogé par le Père aumônier qui lui demande ce qu'il vient offrir à la Sainte-Vierge, le brave homme se met à défaire, sans rien répondre, l'enveloppe qui cachait son offrande. Il en tire deux grandes béquilles, fraîchement peintes en noir, et demande qu'elles soient déposées dans le sanctuaire.

Le Père lui ayant demandé pourquoi il voulait offrir ces béquilles, en reçut cette réponse :

« L'année dernière, le jour de Pâques j'avais promis à Notre-Dame d'Afrique de lui offrir, dans un an, mes béquilles, si l'infirmité qui m'avait forcé à les prendre ne revenait pas. Mon infirmité n'étant point revenue, je viens accomplir la promesse que j'avais faite, et que le mauvais temps m'avait empêché d'accomplir hier.

— Quelle était votre infirmité ?

— C'était une violente douleur qui m'empêchait de marcher, et qui m'a forcé, pendant deux mois, à me servir de ces béquilles.

— Etiez-vous venu prier la Sainte Vierge, pendant votre maladie ?

— Oui, j'étais venu me recommander à elle, plusieurs fois. C'est alors que j'ai promis à la Sainte Vierge de lui donner mes béquilles, si mon infirmité ne revenait pas au bout d'un an. J'ai été exaucé, puisque, depuis cette époque, je n'ai plus souffert, et je viens accomplir mon vœu.

X. — Françoise, d'Hussein-Dey

Françoise V., d'Hussein-Dey, âgée de 13 ans, fut atteinte, au mois de mai 1874, d'une fluxion si violente au visage, qu'en moins de vingt-quatre heures, la pauvre enfant était toute défigurée. Son état causait déjà à sa famille les plus vives inquiétudes. Un médecin, il est vrai, avait soigné, dès le principe, la jeune malade ; mais devant l'inefficacité du traitement qu'il lui faisait suivre, la famille avait fini par perdre toute confiance, aussi bien que la jeune fille elle-même. Mais cette confiance qu'on ne voulait plus accorder à la science des hommes, on la reporta sur la Très Sainte Vierge.

La jeune malade et sa famille invoquèrent Notre-Dame d'Afrique, et l'espoir qu'ils avaient que Marie viendrait à leur aide ne fut point déçu. Un mieux très sensible se déclara bientôt : la santé revint tout à fait, et, le 28 juin 1874, Mlle Françoise V., jouissant d'une santé parfaite, vint à Notre-Dame d'Afrique avec sa mère, pour remercier sa compatissante bienfaitrice.

XI. — Un jeune enfant de Saint-Augustin

Un jeune enfant, Victor J., de la paroisse de Saint-Augustin, d'Alger, et demeurant rue de Rovigo, fut atteint, le 1er mai 1874, de violents maux d'yeux. En peu de temps, le mal fit des progrès si rapides, qu'on craignit bientôt que l'enfant ne fût pour jamais privé de la vue. La famille de Victor avait cependant recouru aux médecins. Plusieurs avaient été consultés. Mais leur décision unanime était bien loin de consoler cette pauvre famille. Tous avaient, en effet, déclaré qu'inévitablement l'enfant perdrait la vue.

Les afflictions raniment bien souvent la foi ou la fortifient dans les âmes éprouvées ; et, lorsqu'on n'attend plus rien de la terre, on se tourne vers le ciel .

C'est ce qui arriva en cette circonstance. Mme veuve J., mère de l'enfant condamné par les médecins, connaissait le Pèlerinage de Notre-Dame d'Afrique. Si, jusqu'à ce moment, elle ne s'était point adressée à elle, c'est parce qu'elle avait compté sur les ressources de la science. Se voyant abandonnée de ce côté, elle eut enfin recours à Dieu par l'intercession de Marie, et fit vœu, son enfant délivré de la cruelle infirmité dont il était atteint, de monter au sanctuaire de Notre-Dame d'Afrique, de faire brûler un cierge devant la statue miraculeuse et de faire célébrer une messe en actions de grâces. La promesse de la pieuse mère fut agréée par la Sainte Vierge, et, huit jours après, l'enfant était parfaitement guéri.

L'heureuse mère a voulu accomplir, sans tarder, sa promesse ; elle s'est rendue à la Basilique où une messe a été célébrée pour elle en actions de grâces, pendant que le cierge qu'elle avait offert redisait, en se consumant, sa reconnaissance envers Marie.

XII. — Les béquilles de Victor

Victor P., jeune enfant de la paroisse de Notre-Dame des Victoires, se trouvant, un jour, sur la terrasse de la maison habitée par ses parents, voulut se pencher en dehors, pour satisfaire la curiosité naturelle à cet âge. Mal lui en prit. Car, perdant tout à coup l'équilibre, le malheureux enfant tomba dans la rue où on le releva tout sanglant et à demi-mort.

Sans perdre de temps, on court appeler un médecin. Dès la première visite, celui-ci constate que les deux jambes de l'enfant sont brisées, et il déclare que jamais il n'en recouvrera l'usage. Appelé une seconde fois, après un premier pansement, il renouvelle sa première déclaration.

Dans cette cruelle extrémité, la mère de l'enfant ne perd pas encore toute espérance. Elle sait que Notre-Dame d'Afrique peut ce que ne peuvent point les médecins de la terre. Elle s'adresse donc à elle, et fait vœu, si son enfant recouvre l'usage de ses jambes, de monter nu-pieds au sanctuaire de Marie pour lui témoigner sa reconnaissance, et d'y déposer, comme un témoignage perpétuel de sa gratitude et de la puissance de la Reine du Ciel, les béquilles du pauvre petit malade.

Ce vœu, fait avec une foi vive et accompagné d'une fervente prière à Marie, est bientôt exaucé. L'enfant laisse les béquilles et marche aussi bien qu'avant cette chute qui devait lui être si funeste, si la Vierge, toujours bonne, n'était venue à son secours.

La pieuse mère, ivre de joie, et le cœur débordant de reconnaissance, vient au sanctuaire, le 7 juillet 1874, se prosterner aux pieds de sa miséricordieuse bienfaitrice, en compagnie de son cher Victor si merveilleusement guéri, et elle accomplit son vœu en déposant, aux pieds de Marie, les béquilles de son enfant .

XIII. — Guérison d'un jeune homme de Saoula

Nous laissons ici la parole à M. le Curé de Saoula, du Diocèse d'Alger, qui écrivait au R. P. Supérieur de Notre-Dame d'Afrique, à la date du 28 juin 1875 :

« Une multitude d'habitants de Saoula viendra aujourd'hui accompagner, à Notre-Dame d'Afrique, le jeune homme porteur de cette lettre, le fils S. (Jean), âgé de 24 ans.

« Lorsqu'il était dans un état désespéré, desséché par la fièvre typhoïde à un très haut degré, et lorsque M. le Dr B. m'avait dit qu'il était perdu sans ressources, je fis faire un vœu à son père et à sa mère. Ils promirent, si leur fils revenait à la santé, de le conduire, nu-pieds, un cierge à la main, le long de la côte qui, de l'hôpital militaire, conduit à Notre-Dame d'Afrique. Le vœu fut fait devant plus de vingt personnes.

« Dès ce moment, et grâce à une éruption que le médecin n'avait pas prévue, le malade alla de mieux en mieux. Bientôt, la convalescence arriva ; et, aujourd'hui, il est complètement guéri.

« Si je n'étais malade (je vous écris de mon lit), je devrais moi-même l'accompagner avec une grande partie de ma paroisse, mais ma maladie a tout dérangé.

« Veuillez recevoir ces bons habitants de Saoula et, si c'est possible, leur faire chanter un *Magnificat*, et leur dire une messe d'actions de grâces.

« J. L., curé de Saoula. »

XIV. — Sauvés d'un naufrage

Le 8 janvier 1879, huit Espagnols sont montés nu-pieds au Sanctuaire de Notre-Dame d'Afrique pour lui rendre grâces de la protection maternelle dont ils ont été l'objet. Ce sont des marins sauvés d'un naufrage. Une violente tempête les ayant assaillis en pleine mer, ils ont vu bientôt leurs efforts rendus inutiles par la violence du vent et des lames qui fondaient sur eux. Ils étaient à deux doigts de leur perte, lorsqu'ils ont pensé à Celle que l'Eglise nomme l'Etoile de la mer. Se tournant vers le Sanctuaire de Notre-Dame d'Afrique, ils ont prié Marie de leur venir en aide dans ce pressant danger. Ils témoignent tous par leurs paroles, aussi bien que par les larmes qui coulent de leurs yeux, que Marie seule a pu les sauver.

Aussi leur reconnaissance envers cette bonne Mère est-elle grande. L'un d'eux, un vieillard, ne pouvant se faire comprendre, et ne sachant comment exprimer les sentiments qui se pressent dans son cœur, se jette tout en pleurs au cou du Père Aumônier et l'embrasse avec effusion.

XV. — Le vieillard impotent

Le 20 du mois d'avril 1880, se présente au Pèlerinage de Notre-Dame d'Afrique, un bon vieillard venu de loin pour témoigner sa reconnaissance à Marie. C'est un Italien qui, malgré son âge avancé, n'a pas hésité à entreprendre à pied, et presque sans ressources, le long voyage de Ténès à Alger, pour venir remercier la bonne Madone.

Ce pauvre vieillard se trouvait atteint d'une maladie grave qui l'empêchait de travailler. Pour lui, cependant, le manque de travail c'était la misère. Dans sa détresse, il a recours à Marie, et, l'invoquant sous le nom de Notre-Dame d'Afrique, il la conjure avec une touchante simplicité, ou de lui rendre la santé, ou de le faire mourir. La Sainte Vierge écoute la prière de la foi. Le bon vieillard recouvre la santé, et, plein de reconnaissance, il se met en route pour venir remercier sa bienfaitrice.

Mais il est sans ressources, et il voudrait cependant offrir quelque chose à la bonne Mère pour lui témoigner sa gratitude. Son embarras ne dure pas longtemps. Une pensée lui est venue, qu'il met tout de suite à exécution. Il se fait quêteur, et sur le long chemin qu'il a à parcourir pour arriver jusqu'au Sanctuaire, il demande à tous les passants quelque chose pour la Sainte Vierge. Il arrive enfin au terme de son pèlerinage, et, après s'être prosterné devant la Madone, il se présente au Père Aumônier et lui offre, tout radieux, une somme de 36 francs 50 centimes, fruit de sa quête en faveur de Marie.

Il s'en retourne tout heureux et déclare avec une admirable fermeté que rien n'aurait pu l'em-

pêcher de venir payer sa dette de reconnaissance.

XVI. — Malade de Boufarik guérie

Le 25 octobre 1880, une dame de Boufarik nous fait, en venant offrir un ex-voto à
Notre-Dame d'Afrique, le récit suivant que nous
reproduisons textuellement, pour mieux lui conserver son cachet particulier de simplicité et de
grande foi :

« Ma jambe était malade depuis longtemps. A
plusieurs reprises, le médecin qui me soignait
avait témoigné qu'il désespérait de me guérir. Je
souffrais énormément, mais j'avais confiance en
Notre-Seigneur et en sa Sainte Mère, et j'avais
voulu porter sur moi une médaille miraculeuse.
Quand le médecin ne me laissa plus aucun espoir
de guérison, j'entrepris une neuvaine à Marie.

Le neuvième jour, la Vierge noire de Notre-
Dame d'Afrique me fit éprouver un mieux sur-
prenant, en me laissant le pressentiment que
bien des épreuves m'attendaient, mais que son
assistance ne me ferait pas défaut, pour les supporter. Depuis ce jour, je vais de mieux en
mieux, et le médecin qui me soignait atteste que

ce n'est pas lui, mais Notre-Dame d'Afrique qui m'a sauvée. »

XVII. — Le nègre qui a trouvé du travail

Le 4 mai 1881, c'est un nègre qui se présente à la sacristie de Notre-Dame d'Afrique, tenant, d'une main, un magnifique cierge, et, de l'autre, une feuille de papier sur laquelle est demandée, pour ce nègre, l'autorisation d'entrer dans le sanctuaire de Marie. Le Père aumônier ayant demandé au nègre la raison de sa visite et de son offrande, ce pauvre païen, qui avait entendu parler de la miséricordieuse bonté de Marie, répond tout de suite en son langage peu correct, mais bien touchant : « J'avais promis, de ma tête, à la Mère de l'Afrique que si je trouvais du travail, je lui donnerais un cierge. Elle m'a donné ce que je lui demandais, et moi je lui donne ce que je lui ai promis. »

Son offrande une fois agréée, le nègre s'en retourne, tout heureux d'avoir payé sa dette à Celle qu'il avait invoquée sans bien la connaître, mais qui embrasse dans un même amour tous les enfants d'Adam.

Puisse cette Bonne Mère lui accorder une faveur plus grande encore : celle de connaître et d'embrasser la Religion Sainte apportée aux hommes par Celui qui a bien voulu être son fils !

Ce nègre n'a pas d'ailleurs été le seul infidèle qui ait reconnu la puissance merveilleuse de la Très-Sainte Vierge.

Plusieurs fois, des femmes musulmanes sont venues faire brûler des cierges devant la statue de la Vierge Immaculée, et des femmes israélites ont été jusqu'à demander pour leurs enfants, et cela à plusieurs reprises, des cordons de la Sainte Viegre, bénits par les chapelains de Notre-Dame d'Afrique.

XVIII. — Les marins de la goëlette « Dolorès »

Le 15 décembre 1882, vers les trois heures du soir, la goëlette *Dolorès*, du port d'Alger, venant de Philippeville et se rendant à Oran avec un chargement d'orge, s'est échouée sur la côte entre le cap Gineste et le Port-aux-Poules.

Après avoir vainement cherché un abri toute la journée, l'équipage qui avait lutté, toute la soirée du jeudi, contre un vent nord-ouest en face du cap Matifou, songea, après une nuit affreuse, à gagner le port de Dellys pour y chercher asile ; mais, composé seulement de cinq matelots, un mousse, et le capitaine, il vit ses efforts vaincus par la tempête, et la pauvre goëlette fut jetée sur la côte par le vent du Nord franc; le gouvernail fut rompu et le vaisseau entraîné vers les récifs du Port-aux- Poules.

C'en était fait de l'embarcation et des braves qui la montaient. Le capitaine, voyant le danger, se recommande à Notre-Dame d'Afrique, et fait vœu de monter à son sanctuaire et de faire chanter une messe solennelle d'actions de grâces, s'il échappe à la mort avec son équipage.

La mer furieuse renverse bientôt le frêle navire, mais le capitaine reste le dernier à son bord ; six hommes nagent au milieu des flots courroucés; il se jette alors, lui aussi, à la mer, A force d'énergie et pleins de confiance en Marie, Etoile de la mer, qu'ils invoquent avec ferveur, les pauvres naufragés peuvent gagner la côte, après trois heures d'angoisses.

Là, de nouvelles souffrances les attendent. Ces pauvres malheureux presque nus, et qui n'avaient rien mangé depuis la veille, courent, sur la côte battue par la pluie et le vent, sans rencontrer une seule habitation. Enfin, ils sont recueillis par une personne charitable qui met à leur disposition tout ce qu'elle possède.

Ces braves marins sont venus pieds-nus faire leur pèlerinage à la Basilique de Marie. Sur leur dèmande, ét conformément au vœu fait par le capitaine, la messe a été chantée solennellement à l'autel de Notre-Dame d'Afrique.

Gloire et honneur à notre bonne Mère, qui sait si bien secourir ceux qui espèrent en Elle !

XIX. — Guérison d'une Sœur de la Doctrine Chrétienne

Citons encore un trait plus récent de la protection maternelle de Notre-Dame d'Afrique :

Une Sœur de la Doctrine Chrétienne, institutrice dans une des écoles libres d'Alger, Sœur Ste E., fut prise, dans le courant de l'année 1884, d'une violente ophtalmie qui la priva presque entièrement de l'usage de l'œil droit et lui rendit très difficile la continuation de ses fonctions.

C'était, pour la Sœur, une souffrance plus grande encore que celle que lui causait son infirmité pourtant si douloureuse. Malgré le traitement suivi dès le principe, le mal empira de jour en jour, et en vint, bientôt à un tel point de gravité que, le 12 avril 1884, le médecin de la communauté déclarait la maladie incurable, et son art désormais sans ressources pour obtenir une amélioration.

Une telle déclaration était peu consolante pour la Sœur, et l'avenir se présentait bien triste devant elle. Elle ne se découragea pourtant point pour cela ; et elle résolut de porter ailleurs la confiance qu'elle avait accordée jusque-là à son médecin.

Plusieurs religieuses de la Doctrine Chrétienne avaient déjà éprouvé la puissance de Notre-Dame d'Afrique. Sœur Ste E., s'armant donc d'une grande confiance en Notre-Dame d'Afrique, promit à la Sainte Vierge, le 12 avril 1884, jour où le médecin avait déclaré son mal incurable, de publier la faveur qu'elle sollicitait, si Marie voulait bien écouter sa prière et lui obtenir sa guérison; s'engageant, en outre, à faire partager autant qu'elle le pourrait, par le plus grand nombre d'âmes, la confiance qu'elle avait en la bonté maternelle de la Mère de Dieu.

La Vierge, dont l'humilité si profonde pendant sa vie doit être exaltée maintenant dans tout l'univers, eut pour agréable la pieuse promesse de la Sœur Ste E.. A peine l'eut-elle faite qu'un mieux sensible se déclara ; mais ce mieux était encore loin de la guérison complète.

Encouragée par cette première faveur, Sœur Ste E. voulut obtenir davantage. Et tout en témoignant sa reconnaissance à Notre-Dame d'Afrique pour le soulagement qu'elle en avait reçu, elle sollicita avec une nouvelle ferveur sa complète guérison. Selon sa promesse, elle publia les louanges de sa bienfaitrice ; et, afin de rendre sa prière plus efficace en la multipliant, elle obtint de ses jeunes élèves qu'elles uniraient leurs supplications aux siennes pour faire une sainte violence à Marie. Tous les jours donc, maîtresse et élèves prièrent Notre-Dame d'Afrique, avec une confiance qui ne se démentit pas un seul instant.

Elle obtint tout ce qui était demandé. Marie avait voulu éprouver la foi de sa servante en différant de l'exaucer ; mais, la foi s'étant conservée, malgré l'épreuve, elle céda enfin à tant d'instances. Le mieux qui s'était déclaré, après la promesse du premier jour, se prononça de plus en plus, et, enfin, au mois de janvier 1885, le mal avait complètement disparu. Sœur Ste E. est aujourd'hui si bien guérie de son infirmité, que l'œil qu'on aurait cru perdu est aussi sain qu'avant la maladie, et la vue aussi bonne.

Désireuse de témoigner sa reconnaissance à la Sainte Vierge, Sœur Ste E. attendait, tous les jours, avec impatience l'occasion de venir visiter, dans son Sanctuaire, Celle qui lui avait donné une marque si sensible de sa bonté et de sa puissance.

C'est aujourd'hui, 6 avril, qu'elle réalise son pieux dessein ; et, pour faire connaître la faveur qu'elle a reçue de Marie, elle offre un ex-voto qui en perpétuera le souvenir.

XX. — Guérison du Père Guillet

Voici le récit d'un autre fait, à coup sûr extraordinaire, et qui montre que la protection de Notre-Dame d'Afrique s'étend également à ceux qui l'invoquent sur tous les points du continent africain.

Il s'agit, cette fois, d'un Missionnaire d'Alger, le R. P. Guillet, supérieur de la Mission de Tanganyka. Il dirigeait la troupe apostolique qui se rendit dans cette Mission, au mois de novembre 1880, accompagné de cinq Missionnaires et de neuf auxiliaires. Ce sont les mêmes Pères à qui les adieux solennels furent faits dans la Basilique de Notre-Dame d'Afrique, selon le récit que nous en avons reproduit, au chapitre premier de la troisième partie de cette Notice. La Bonne Mère s'est souvenue des enfants qui étaient venus se placer ainsi sous sa protection tutélaire.

Nous laissons, maintenant, la parole au Missionnaire qui nous transmet, du Tanganyka, les détails qui suivent :

« Notre R. P. supérieur a été pris soudain, le 29 septembre dernier, d'une violente fièvre présentant tous les symptômes de l'hépatite aiguë. Pour vous permettre de bien juger de son mal, je vous transcris ici le journal de la Mission.

« 29 septembre 1884. — Le R. P. Guillet, qui s'était promené, encore hier au soir, en bonne santé, vient d'avoir, la nuit passée, un violent accès de sa maladie de foie : il éprouve des vomissements continuels que rien ne peut arrêter.

« 1er octobre. — Affaiblissement graduel des forces du R. P. supérieur ; nous nous partageons les nuits pour le veiller, et nous faisons des prières spéciales pour obtenir la guérison de notre bon Père.

« 7 octobre. — La fièvre et l'abattement augmentent chez notre Père supérieur ; il demande à recevoir les derniers sacrements, met ordre à toutes ses affaires et exprime ses dernières volontés. Nous commençons, ce soir, une neuvaine à Notre-Dame d'Afrique.

« 8 octobre. — Le R. P. Guillet reçoit, le matin, le saint viatique et l'Extrême-Onction avec grande piété et confiance.

« 11 octobre. — Une grande faiblesse et une fièvre continue minent les forces du R. P. supérieur ; nous essayons vainement toutes sortes de remèdes : quinine, arsenic, chlorodyne, homœopathie, etc. Notre cher malade s'affaiblit petit à petit et a des moments de délire.

« 15 octobre. — Le cher malade reprend un peu de forces, mais le délire se manifeste de temps en temps.

« 18 octobre. — Le Père supérieur ne va pas mieux ; la faiblesse persiste. Nous commençons une seconde neuvaine à Notre-Dame d'Afrique.

« 20 octobre. — Les jambes et les pieds sont enflés ; les yeux s'affaiblissent et l'ouïe s'éteint presque entièrement. Nous envisageons tous ces pronostics avec anxiété, et n'attendons plus rien des remèdes humains. Au bon Dieu seul à nous conserver notre cher Père ou à nous en priver : *Fiat voluntas tua !*

« 22 octobre. — Au matin, sur la demande du R. P. Guillet qui se trouve à bout de forces, nous récitons les prières des agonisants, et le Père reçoit l'absolution générale avec l'indulgence plénière *in articulo mortis.* Le P. Landeau dit la

Messe votive de la Sainte Vierge, dans les intentions de notre neuvaine à Notre-Dame d'Afrique, le P. Vincke la Messe *pro infirmis*, et nous promettons une autre neuvaine à Notre-Dame d'Afrique.

Nous nous attendons à voir le cher Père expirer avant midi ; le cierge bénit est préparé, et on veille le malade, en priant et écoutant de temps en temps s'il respire encore. Mais un sommeil léger succède à cet état de crise, et voilà tout à coup un changement inattendu. Le bon Dieu a-t-il, enfin, écouté nos prières ?... Un peu après midi, le Pére demande à manger ; il s'assied sur son lit, les forces lui semblent revenues subitement ; il mange des œufs, des bananes cuites, etc. ; il parle avec facilité et demande des nouvelles. Si ce mieux se continue, nous n'hésiterons pas à l'attribuer à l'intervention directe du Ciel, par l'intercession de Notre-Dame d'Afrique, parce que l'état du malade était tout à fait désespéré, ce matin.

« 28 octobre. — La convalescence s'accentue de mieux en mieux.

« 1ᵉʳ novembre. — Belle fête de la Toussaint : le R. P. Guillet peut se lever et prendre part de loin à la joie commune. Le R. P. Coulbois chante la Grand'Messe solennelle ; le P. Vyncke prêche ; les enfants chantent un joyeux cantique ; bref, tout est en joie pour célébrer la guérison du R. P. supérieur et la fête de tous les Saints.

« Voilà, mon Révérend Père, résumé, jour par jour, en quelques mots, le récit de la maladie et de la guérison du R. P. Guillet. Nous croyons à un véritable miracle, obtenu par l'intercession de Notre-Dame d'Afrique. Aidez-nous à la remercier. »

Nous terminerons là cette relation de quelques-unes des faveurs extraordinaires obtenues par l'intercession de Notre-Dame d'Afrique. Ce n'est pas, comme nous l'avons fait observer déjà, que nous ne puissions citer encore d'autres faits en grand nombre qui témoignent, aussi bien que ceux que nous venons de faire connaître, de la confiance des fidèles en Marie, et de la maternelle bonté de cette souveraine Consolatrice. Mais nous ne pouvons tout dire.

Nous avons déjà donné, à deux reprises, dans cette Notice, le nombre des *ex-voto* offerts au Sanctuaire depuis son origine. *Il s'élève à environ huit mille* ; mais nous pouvons en donner un autre qui n'a pas moins d'éloquence ; c'est celui des messes d'actions de grâces demandées et célébrées dans la Basilique pour remercier spécialement Marie, de guérisons ou d'autres grâces obtenues. *Deux mille six cent soixante-quatorze messes* ont été dites à cette intention spéciale, à Notre-Dame d'Afrique, dans une courte période.

Nous pouvons donc bien affirmer, en terminant, que le Pèlerinage de Notre-Dame d'Afrique a été, dès le principe, et continue à être un des lieux les plus privilégiés, parmi ceux où l'auguste Reine des Cieux manifeste sa puissance et sa bonté envers les pèlerins qui l'invoquent. Les fidèles enfants de Marie, les malades, tous ceux qui souffrent ne sauraient donc avoir trop de confiance en celle qui sait si bien être la CONSOLATRICE DES AFFLIGÉS.

Si, à l'époque où parut la première édition de cette Notice, c'est-à-dire en 1885, les **ex-voto,** offerts à la Basilique et les messes célébrées atteignirent ces chiffres, comment, après quarante ans, pouvoir les énumérer ?

Les **ex-voto** qui tapissent tous les murs sont maintenant innombrables, et les messes d'actions de grâces ont dû dépasser cinquante mille.

CANTIQUES
A NOTRE-DAME D'AFRIQUE
(1874)

1

Les Chanteurs. Ave ô Maria, ave Maria !
Le Peuple.   Ave ô Maria, ave Maria !
Les Chanteurs. Ave, ave, ave Maria !
                 Ave, ave, ave Maria !
Le peuple répète : Ave, ave, ave Maria, etc.

Les couplets suivants se chantent tout entiers,
par les chanteurs seuls. Le peuple chante le refrain : *Ave, ave, ave Maria j*

2

Chanté par l'Afrique
Qui sort du tombeau,
Que l'hymne angélique
Te semble plus beau.
Ave, etc.

3

Que ta pure aurore,
Astre du matin !
Nous ramène encore
Les jours d'Augustin !
Ave, etc.

4

Sous tes doux auspices
Près de ton autel,
Tu vois les prémices
Des fils d'Ismaël (1).
Ave, etc.

5

Que les cœurs rebelles
Qui fuient ton amour.
A ces cœurs fidèles
S'unissent un jour !
Ave, etc.

6

Que ta main de mère
Brise le cercueil,
Où dort sous la pierre
Cham et son orgueil !
Ave, etc.

7

Que le fier Nomade,
Toujours indompté,
Cède à la croisade
De la charité.
Ave, etc.

La maison de N.-D. d'Afrique servait alors d'asile
aux orphelins Arabes de la famine

8

Que ce peuple immense,
Errant dans la mort,
Tout entier s'élance
Vers toi... vers le port. !
Ave, etc.

9

Qu'un rayon de flamme,
Sorti de ton cœur,
Allume en son âme
L'amour du Sauveur !
Ave, etc.

10

Que sous son suaire
Déjà soulevé,
Il entonne, ô Mère,
Un jour ton *Ave !*
Ave, etc.

Enfin, tous les dimanches, après les Vêpres, et avant la bénédiction du Très-Saint-Sacrement, on y chantait aux mêmes intentions, et par un ordre du même Prélat, les litanies des Saints d'Afrique. (1)

____

Elles sont divisées en sept paragraphes qui se chantent alternativement, un chaque dimanche.

CANTIQUE
des Marins et des Passagers
à Notre-Dame d'Afrique

1

Notre-Dame d'Afrique !
Ecoutez le cantique
Et les vœux du marin ;
Sur sa route incertaine
Brillez toujours sereine,
Etoile du matin !

2

Mais, déjà notre Mère
Entend notre prière;
Et sur le sol d'Alger,
Voilà que le ciel donne
Encore une patronne
Au pauvre passager.

Notre-Dame d'Afrique, etc.

3

Hélas ! sur ce rivage
Le poids de l'esclavage
Ecrasait nos aïeux ;
Béni soit le Grand-Prêtre
Qui dans l'air fit paraître
Ce signe radieux !!!

4

Que d'Afrique ou de France
Le vaisseau se balance :
Elle le voit venir,
Et ses mains bienfaisantes
Sur les eaux frémissantes
Se croisent pour bénir.

5

Pour que la mer houleuse
Ne soit point désastreuse
Aux deux ports nous irons
Faire brûler un cierge
À l'autel de la Vierge,
Lorsque nous partirons.

6

Que l'ouragan déchaîne
Sa fureur inhumaine,
Elle apaise les flots ;
Son nom plein de tendresse,
Dissipe la tristesse
Des braves matelots.

7

Armons-nous de courage,
Laissons gronder l'orage,
Conjurons le danger :
La Vierge nous regarde
Du sommet de la Garde
Et des hauteurs d'Alger.

8

Quand l'étoile scintille
Comme un rayon qui brille
Sur le ciel azuré,
En serrant nos phalanges,
Nous chantons ses louanges,
Penchés sur le beaupré.

9

Quand nous toucherons terre,
Nous dirons la prière
Que nous apprit la Foi ;
Puis, aux saintes murailles,
Suspendant des médailles
Tinterons le beffroi.

10

Mère tendre et chérie,
Rendez à l'Algérie
La céleste clarté :
Par la main de la France,
Dissipez l'ignorance,
De l'Arabe dompté.

11

Au sein de la patrie
Immortelle et fleurie
Puissions-nous retourner !
Daignez, Mère chérie,
Au ciel, après la vie,
Vous même nous mener !

Imité du cantique provençal de **M. Emery**, *chan.-curé à Aix, par M. l'abbé Descosse, à Alger.*

POUR LES PÉCHEURS

REFRAIN

Notre-Dame d'Afrique
Ecoute le cantique
Pour les pauvres pécheurs,
Donne-leur l'espérance
Montre-leur ta clémence
Et convertis leur cœur.

I

O Marie, notre Mère,
Entends notre prière,
Pour tous les malheureux
Console leurs tristesses,
Et sois dans leurs détresses
Le secours généreux.

II

Apaise leurs alarmes
Sèche toutes leurs larmes
O soleil radieux !
Brise leur esclavage
Et du démon la rage
Sainte Mère de Dieu.

Mgr LEYNAUD.

[illegible]

TABLE

———

PREMIERE PARTIE

*De ce qui a précédé et préparé le pèlerinage
de Notre-Dame d'Afrique .*

CHAPITRE PREMIER

DE LA DÉVOTION QUE L'AFRIQUE CHRÉTIENNE DES PREMIERS
SIÈCLES A EUE ENVERS LA TRÈS-SAINTE VIERGE.

Sommaire. — Culte de l'Afrique Chrétienne primitive envers Marie. — Témoignages de ses plus grands docteurs. — Tertullien. — Saint Cyprien. — Saint Augustin. — Saint Fulgence. — Monuments du culte de Marie à cette époque reculée. — Statue antique de la Sainte Vierge récemment trouvée à Carthage.— Témoignages des historiens.— Procope. — Trois sanctuaires élevés à Marie en Afrique, sous le règne de Justinien

CHAPITRE SECOND

DU CULTE DE MARIE EN AFRIQUE AU TEMPS DE L'ESCLAVAGE
DES CHRÉTIENS

Sommaire.— Horrible situation des esclaves chrétiens en Afrique.— Ils cherchaient leur consolation dans le culte de Marie. — Statuette de Marie Immaculée, œuvre d'un esclave chrétien, retrouvée à Tébessa.— Médaille byzantine de la Très Sainte Vierge

CHAPITRE TROISIEME

DU CULTE DE MARIE EN AFRIQUE DEPUIS LE RÉTABLISSEMENT DE LA LIBERTÉ CHRÉTIENNE, EN 1830, ET DE CE QUI PRÉPARA IMMÉDIATEMENT LA FONDATION DU PÈLERINAGE DE NOTRE-DAME D'AFRIQUE.

DEUXIEME PARTIE

Comment a été fondé le pèlerinage de Notre-Dame d'Afrique, et par qui a été construite la Basilique qui en est aujourd'hui le sanctuaire.

CHAPITRE PREMIER

AGARITHE ET ANNA OU « LES SŒURS DE NOTRE-DAME D'AFRIQUE »

CHAPITRE SECOND

MONSEIGNEUR PAVY, ÉVÊQUE D'ALGER. — LA BASILIQUE DE
NOTRE-DAME D'AFRIQUE

CHAPITRE TROISIEME

TROISIEME PARTIE

Des principales œuvres de piété qui se rattachent au sanctuaire de Notre-Dame d'Afrique.

CHAPITRE PREMIER

ASSOCIATION DE PRIÈRES POUR LA CONVERSION DES MUSULMANS

CHAPITRE SECOND

NOTRE-DAME D'AFRIQUE, CONSOLATRICE DES AFFLIGÉS

CHAPITRE TROISIEME

ASSOCIATION DE PRIÈRES POUR LES MARINS VIVANTS
ET DÉCÉDÉS

CHAPITRE QUATRIEME

ADORATION QUOTIDIENNE
DU TRÈS-SAINT SACREMENT A NOTRE-DAME D'AFRIQUE

QUATRIEME PARTIE

Des grâces extraordinaires obtenues au pèlerinage de Notre-Dame d'Afrique.

CHAPITRE PREMIER

FAVEURS EXTRAORDINAIRES OBTENUES AU PÈLERINAGE,
A L'ÉPOQUE DE LA CHAPELLE PROVISOIRE

CHAPITRE SECOND

FAVEURS EXTRAORDINAIRES OBTENUES APRÈS LA FONDATION
DU PÈLERINAGE DÉFINITIF DANS LA BASILIQUE